MOLIÈRE

DOM GARCIE

DE NAVARRE

PARIS
Librairie des Bibliophiles
M DCCC LXXXIX

LES PIÈCES DE MOLIÈRE

DOM GARCIE

DE NAVARRE

OU

LE PRINCE JALOUX

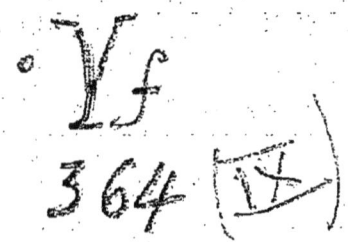

TIRAGE A PETIT NOMBRE

Il a été tiré en outre :

20 exemplaires sur papier du Japon, avec triple épreuve de la gravure (n°s 1 à 20).
25 exemplaires sur papier de Chine fort, avec double épreuve de la gravure (n°s 21 à 45).
25 exemplaires sur papier Whatman, avec double épreuve de la gravure (n°s 46 à 70).

70 exemplaires, numérotés.

DOM GARCIE DE NAVARRE
(Acte II. Scène V)

MOLIÈRE

DOM GARCIE
DE NAVARRE
OU
LE PRINCE JALOUX
COMÉDIE EN CINQ ACTES

AVEC UNE NOTICE ET DES NOTES

PAR

AUGUSTE VITU

Dessin de L. Leloir

GRAVÉ A L'EAU-FORTE PAR CHAMPOLLION

PARIS

LIBRAIRIE DES BIBLIOPHILES

Rue de Lille, 7

M DCCC LXXXIX

NOTICE

SUR

DOM GARCIE DE NAVARRE

OU

LE PRINCE JALOUX

Dom Garcie de Navarre, ou le Prince jaloux, *tragi-comédie en cinq actes en vers, fut représenté pour la première fois le vendredi 4 février 1661, sur le théâtre du Palais-Royal, qui venait d'ouvrir le 20 janvier précédent. Ce fut la première pièce de Molière jouée sur cette nouvelle scène. On la donna sept fois de suite, savoir :*

1re *Représentation le vendredi 4 février, avec* Gorgibus dans le sac, *farce inconnue (précédemment jouée le lundi 31 janvier pour le roi, à Vincennes,*

avec LA FOLLE GAGEURE *de l'abbé Bois-Robert*);
recette . . . . 600 *livres.*
   2ᵉ *Dimanche* 6 *février*   500
   3ᵉ *Mardi* 8, *avec une pièce intitulée*
PLAN-PLAN (*je ne sais ce que c'est*) .   168
   4ᵉ *Vendredi* 11, *idem*   426
   5ᵉ *Dimanche* 13, *avec* LE COCU
IMAGINAIRE   720
   6ᵉ *Mardi* 15, *idem.*   400
   7ᵉ *Jeudi* 7, *avec une petite comédie*
non dénommée   70
       Total . . . . . . 2,884 *livres.*

Au taux de 12 *pour cent pour une pièce en cinq actes, Molière, de nos jours, eût touché* 346 *francs. Ses compagnons lui payèrent* 550 *livres pour* DOM GARCIE.

Là ne s'arrêtèrent pas définitivement les destinées de sa tragi-comédie. Le roi la fit jouer devant lui au Palais-Royal, le 29 *septembre* 1662. *L'année suivante, à pareille date* (29 *septembre* 1663), *la troupe, mandée à Chantilly par Monsieur le prince, y représenta* DOM GARCIE *au moins une fois, parmi d'autres pièces de son répertoire; le vendredi* 11 *octobre suivant, un ordre du roi l'appelait à Versailles, où elle joua deux fois* DOM GARCIE; *enfin, elle le donna encore deux fois au Palais-Royal, avec* L'IMPROMPTU DE VERSAILLES, *le* 4 *novembre, devant* une recette de 1,090 livres, qui tomba à 660 livres le surlendemain 6. Ce fut tout.

Ces six représentations, ajoutées aux sept de la nouveauté, bornent à treize le nombre total des représentations de Dom Garcie, qui ne fut jamais repris dans le cours des deux siècles suivants, jusqu'au jour où notre ami M. Édouard Thierry en fit revivre un fragment dans un spectacle extraordinaire du 5 mars 1871, à la veille de la Commune. M. Laroche jouait Dom Garcie, M. Charpentier Dom Lope, Mlle Croizette Done Elvire, et Mlle Reichemberg la confidente Élise.

Quant à la distribution originaire, elle est difficile à établir en dehors de quatre rôles certains, marqués d'un * astérisque; la voici telle que je la restitue approximativement :

* Dom Garcie . . . . . Molière.
* Done Elvire . . . . . Mlle Du Parc.
* Dom Alphonse . . . La Grange.
* Élise. . . . . Madeleine Béjard.
  Done Ignès. . . . . Mlle De Brie.
  Dom Alvar. . . . . Béjard.
  Dom Lope. . . . . De Brie.
  Dom Pèdre. . . . . Du Croisy.
  Un page. . . . . . L'Épy ou un gagiste.

On trouve dans l'inventaire de Molière un habit d'Espagnol, qui fut probablement celui de Dom Garcie, ainsi décrit : « Chausses, manteau de drap *et le pourpoint de satin, le tout garni de broderies de soie, prisé* xv *livres.* »

Il est présumable que le jeu de Molière, comme acteur, nuisit à DOM GARCIE; il ne réussissait guère dans le genre noble; témoin le portrait que Montfleury fils traça de lui, sous les traits de César dans LA MORT DE POMPÉE *du grand Corneille* (IMPROMPTU DE L'HOTEL DE CONDÉ).

> ... Il vient le nez au vent,
> Les pieds en parenthèse et l'épaule en avant,
> Sa perruque, qui suit le côté qu'il avance,
> Plus pleine de laurier qu'un jambon de Mayence,
> Les mains sur les côtés, d'un air peu négligé,
> La tête sur le dos comme un mulet chargé,
> Les yeux fort égarés, puis, débitant ses rôles,
> D'un hoquet éternel sépare ses paroles.

Les traits principaux de cette caricature, dessinée par Montfleury fils, complétée par cette remarque que Molière fait

> Rire dans le comique et dans le sérieux,

reparaissent dans le portrait que fit de lui, quelques années plus tard, Le Boulanger de Chalussay, auteur de la furieuse satire qu'il intitule ÉLOMIRE HYPOCONDRE (*acte* IV, *sc.* 1).

> Crois-moi, cher Mascarille,
> Fais toujours le docteur ou fais toujours le drille,
> Car enfin il est temps de te désabuser :
> Tu ne naquis jamais que pour faquiniser.
> Mais, si tu te voyois, quand tu veux contrefaire

Un amant dédaigné qui s'efforce de plaire,
Si tu voyois tes yeux hagards et de travers,
Ta bouche grande ouverte en prononçant un vers,
Et ton col renversé sur tes larges épaules,
Qui pourroient à bon droit être l'appui de gaules...

Mais où donc Cailhava a-t-il appris que, « dès la seconde représentation, les huées contraignirent Molière à céder le rôle de Dom Garcie » ? C'est une pure fable, démentie par les documents que nous avons relevés sur le registre de La Grange. Le peu d'accueil du parterre ne ruina pas si complètement qu'on pourrait le supposer la réputation de la pièce, puisque le roi la fit jouer jusqu'à trois fois devant lui en 1662 et en 1663. Cependant, après sa dernière représentation au Palais-Royal, le 4 novembre de cette même année, elle ne reparut jamais sur la scène française; on comprendra tout à l'heure la raison de cette éclipse totale. Cet abandon ne porte aucune atteinte à l'estime que Louis XIV et le prince de Condé accordaient à DOM GARGIE, estime justifiée par des beautés de premier ordre.

L'idée générale en est empruntée à une pièce italienne, LE GELOSIE FORTUNATE DEL PRINCIPE RODRIGO, du poète florentin Giacinto Andrea Cicognini, qui lui-même avait travaillé d'après un original espagnol, DOM GARCIA DE NAVARRA, dont Molière a repris le titre. Disons-le bien vite à sa louange, le roman compliqué de la princesse Elvire, les ambitions de son frère Dom Louis de Castille, les compétitions de Dom Sylve avec l'usurpateur Maurégat, comme aussi les mésaventures et les déguisements de la comtesse Ignès, en un mot tout ce qui paraît obscur ou insipide dans Dom Garcie provient de l'imitation italienne ou espagnole; au contraire, ce qui appartient en propre à Molière est de la plus grande beauté. De même que sur le canevas grossier de l'Interesse il broda les fleurs du Dépit amoureux, que n'avait même pas soupçonnées Nicolo Secchi, de même de la trame romanesque ourdie par Cigognini il a fait jaillir la peinture de la jalousie et créé d'un même coup deux chefs-d'œuvre : Dom Garcie et le Misantrope [1]. L'étude de cette transformation est curieuse à rechercher, et met en saillie le trait principal de Molière, chez qui l'auteur dramatique, « l'homme de théâtre » qu'il savait et voulait être, domine toujours le penseur, le philosophe et l'écrivain. Il avait montré chez Dom Garcie le tourment du soupçon jaloux, poison qui dévore le cœur de l'homme profondément épris, trouble sa vue, égare ses sens et sa raison au point de lui faire commettre mille insupportables offenses

---

1. L'édition originale écrit *Misantrope* sans *h* et les affiches de la Comédie-Française ont gardé cette orthographe jusqu'à la Révolution, La Grange l'a suivie avec le plus grand soin dans son Registre; il faut donc la conserver ici, et c'est par suite d'une erreur que *Misanthrope* se trouve imprimé avec un *h* dans les notes qui terminent le présent volume.

envers la divinité qu'il adore. Dom Garcie s'y reprend jusqu'à six fois pour accuser à tort une princesse vertueuse, implorer son pardon et se rendre coupable envers elle d'une faute nouvelle, à l'instant même qu'il vient de lui jurer de n'y point retomber. La jalousie chez une âme passionnée, dans un cœur héroïque, ne saurait garder son sérieux qu'à la condition d'aboutir à quelque action tragique. Qu'Othello étouffe Desdémone, qu'Orosmane poignarde Zaïre, et se tuent, repentants, sur le corps de leurs déplorables victimes, il n'en faut pas moins pour racheter leur crime et l'absoudre par les larmes de la tendresse et de la pitié. Mais qu'un insensé tel que Dom Garcie, qu'un « agité », pour me servir d'une expression moderne, ait à peine calmé sa princesse, à bon droit blessée dans son honneur et dans sa fierté de femme, qu'il recommence une nouvelle scène plus scandaleuse et plus injurieuse que la précédente, voilà ce que le parterre n'a sans doute pas supporté avec autant de patiente magnanimité que Done Elvire ; à partir du troisième accès, il a dû commencer à rire au nez de ce farouche amant et le reconnaître pour ce qu'il est au fond, sous ses allures et ses panaches chevaleresques, un vrai personnage de comédie. Tel est l'inévitable effet qui sans doute déconcerta Molière et le fit réfléchir. Mais un poète de sa valeur, et qui connaît le prix du temps, ne se résigne pas à perdre sans retour ni une idée juste, ni cinq actes de vers où étincellent d'incontestables beautés. Le public avait ri de Dom Garcie : rions-en donc avec lui ; qu'il reste amoureux, mais qu'il devienne franchement « un ridicule » ; Dom Garcie s'incarnera dans Alceste ; que sa vertueuse princesse, par une évolution correspondante, fasse place à une coquette fieffée, qu'en un mot Done Elvire cède la place à Célimène, et vous aurez l'autre face de Dom Garcie : elle s'appellera le Misantrope. Une centaine de vers, découpés dans la tragi-comédie de 1661, et que j'ai dénombrés avec soin dans les notes de la présente édition, se retrouveront, les uns textuellement, les autres resserrés et condensés, d'autres enfin modifiés par quelques variantes, dans la comédie de 1666. Moins de cent vers sur plus de deux mille, il semble que ce soit peu de chose ; mais le nouveau plan conçu par Molière les a rassemblés dans une scène unique, la scène III du quatrième acte du Misantrope, qui n'en compte que cent soixante, et qui est précisément la scène capitale de l'ouvrage, puisqu'elle met aux prises, dans un duel profondément humain et passionné, les colères jalouses d'Alceste et les cruelles fourberies de Célimène :

Que toutes les horreurs dont une âme est capable
A vos déloyautés n'ont rien de comparable ;
Que le sort, les démons et le Ciel en courroux
N'ont jamais rien produit de si méchant que vous.

Avez-vous, dites-moi, perdu le jugement ?

NOTICE

Oui, oui, je l'ai perdu, lorsque dans votre vue
J'ai pris, pour mon malheur, le poison qui me tue,
Et que j'ai cru trouver quelque sincérité
Dans les traîtres appas dont je fus enchanté.
— De quelle trahison pouvez-vous donc vous plaindre ?
— Ah ! que ce cœur est double et sait bien l'art de feindre !
Mais tous moyens de fuir lui vont être soustraits.
Sans avoir vu le reste, il m'est assez facile
De découvrir pour qui vous employez ce style.
— Voilà donc le sujet qui vous trouble l'esprit ?
— Vous ne rougissez pas en voyant cet écrit ?
Ce billet démenti pour n'avoir pas de seing...
— Pourquoi le démentir, puisqu'il est de ma main ?
— Juste Ciel ! jamais rien peut-il être inventé !...
Ah ! que vous savez bien, ici contre moi-même,
Ingrate, vous servir de ma foiblesse extrême
Et ménager pour vous l'effort prodigieux
De ce fatal amour né de vos traîtres yeux...
— Oui, tout mon cœur voudroit montrer aux yeux de tous
Qu'il ne regarde en vous autre chose que vous ;
Et cent fois, si je puis le dire sans offense,
Ses vœux se sont armés contre votre naissance ;
Leur chaleur indiscrète a d'un destin plus bas
Souhaité le partage à vos divins appas,
Afin que de ce cœur le noble sacrifice
Pût du Ciel envers vous réparer l'injustice,
Et votre sort tenir des mains de mon amour
Tout ce qu'il doit au sang dont vous tenez le jour.

Toutes ces tirades célèbres sont réputées à juste titre pour des chefs-d'œuvre de diction et de sentiment, et elles sortent tout armées de ce DOM GARCIE, *trop dédaigné. Mais il est clair que leur éclatant succès dans* LE MISANTROPE, *où une action de haute comédie, amère et profonde, les mit en pleine lumière, rendait impossible le maintien de* DOM GARCIE sur la scène française; il se réduit ainsi à la valeur d'une ébauche puissante, mais incomplète, ne conservant plus d'intérêt que pour les connaisseurs et les curieux d'art littéraire, qui aiment à rechercher et à retrouver les linéaments premiers de la pensée d'un grand homme. Pour ce genre d'études, Dom Garcie est un document de premier ordre, non moins important à la biographie de Molière qu'à la critique raisonnée de ses procédés et de son œuvre. Que de fables n'a-t-on pas imaginées pour développer en lui le type même de Sganarelle! Combien d'honnêtes gens ne sont-ils pas persuadés, sur la foi de prétendus biographes qui travaillaient d'imagination, que la scène d'Alceste et de Célimène reflète sur le théâtre la situation intime de Molière et de sa femme? C'est surtout de nos jours que ces inventions, passées à l'état de légende, ont usurpé dans l'histoire littéraire la place qui n'est due qu'à la vérité. Eh bien, il suffit, pour en faire justice, de constater que les transports jaloux d'Alceste ont passé d'abord par la bouche de Dom Garcie, et qu'à l'époque où Molière lui-même les déclama sur le théâtre du Palais-Royal, il était encore célibataire. Il a donc dépeint le jaloux comme il dépeindra plus tard l'hypocrite et l'avare, en simples sujets de comédies, sans qu'on puisse le taxer pour cela de jalousie, d'hypocrisie ou d'avarice. Quant à la jalousie en particulier, il s'en explique en termes assez nets pour qu'on ne le soupçonne pas *d'en être personnellement tourmenté comme d'une maladie morale. Écoutez ces beaux vers que débite Done Elvire à la première scène de* Dom Garcie :

>   Non, non, de cette sombre et lâche jalousie
>   Rien ne peut excuser l'étrange frénésie,
>   Et par mes actions je l'ai trop informé
>   Qu'il peut bien se flatter du bonheur d'être aimé ;
>   Sans employer la langue, il est des interprètes
>   Qui parlent clairement des atteintes secrètes :
>   Un soupir, un regard, une simple rougeur,
>   Un silence, est assez pour expliquer un cœur ;
>   Tout parle dans l'amour...
>   Partout la jalousie est un monstre odieux :
>   Rien n'en peut adoucir les traits injurieux...

Tel était le sentiment de Molière, parvenu aux confins de l'âge mûr, et cependant libre encore des liens du mariage. Dom Garcie et Done Elvire ont démenti par avance les applications injurieuses qu'on a voulu deviner dans les querelles d'Alceste et de Célimène. Nous aurons l'occasion de revenir sur ce sujet à propos de L'École des femmes, *en* 1662, *et des* Plaisirs de l'ile enchantée, *en* 1664.

Auguste Vitu.

DOM GARCIE

DE NAVARRE

ou

LE PRINCE JALOUX

COMÉDIE EN CINQ ACTES

EN VERS

PERSONNAGES

DOM GARCIE, prince de Navarre, amant d'Elvire.

ELVIRE, princesse de Léon.

ÉLISE, confidente d'Elvire.

DOM ALPHONSE, prince de Léon, cru prince de Castille, sous le nom de Dom Sylve.

IGNÈS, comtesse, amante de Dom Sylve, aimée par Mauregat, usurpateur de l'État de Léon.

DOM ALVAR, confident de Dom Garcie, amant d'Élise.

DOM LOPE, autre confident de Dom Garcie, amant rebuté d'Élise.

DOM PÈDRE, écuyer d'Ignès.

La scène est dans Astorgue, ville d'Espagne, dans le royaume de Léon.

DOM GARCIE
DE NAVARRE
ou
LE PRINCE JALOUX

ACTE PREMIER

SCÈNE PREMIÈRE
DONE ELVIRE, ÉLISE.

Done Elvire.

Non, ce n'est point un choix qui pour ces deux amants
Sut régler de mon cœur les secrets sentiments,
Et le prince n'a point, dans tout ce qu'il peut être,
Ce qui fit préférer l'amour qu'il fait paraître.
Dom Sylve, comme lui, fit briller à mes yeux
Toutes les qualités d'un héros glorieux :
Même éclat de vertus, joint à même naissance,

Me parloit en tous deux pour cette préférence ;
Et je serois encore à nommer le vainqueur
Si le mérite seul prenoit droit sur un cœur.
Mais ces chaînes du Ciel qui tombent sur nos âmes
Décidèrent en moi le destin de leurs flammes,
Et toute mon estime, égale entre les deux,
Laissa vers Dom Garcie entraîner tous mes vœux.

ÉLISE.

Cet amour que pour lui votre astre vous inspire
N'a sur vos actions pris que bien peu d'empire,
Puisque nos yeux, Madame, ont pu longtemps douter
Qui de ces deux amants vous vouliez mieux traiter.

DONE ELVIRE.

De ces nobles rivaux l'amoureuse poursuite
A de fâcheux combats, Élise, m'a réduite.
Quand je regardois l'un, rien ne me reprochoit
Le tendre mouvement où mon âme penchoit ;
Mais je me l'imputois à beaucoup d'injustice
Quand de l'autre à mes yeux s'offroit le sacrifice,
Et Dom Sylve, après tout, dans ses soins amoureux,
Me sembloit mériter un destin plus heureux.
Je m'opposois encor ce qu'au sang de Castille
Du feu roi de Léon semble devoir la fille,
Et la longue amitié qui d'un étroit lien
Joignit les intérêts de son père et du mien.
Ainsi, plus dans mon âme un autre prenoit place,
Plus de tous ses respects je plaignois la disgrâce ;
Ma pitié, complaisante à ses brûlants soupirs,
D'un dehors favorable amusoit ses désirs,

Et vouloit réparer par ce foible avantage
Ce qu'au fond de mon cœur je lui faisois d'outrage.
ÉLISE.
Mais son premier amour, que vous avez appris,
Doit de cette contrainte affranchir vos esprits;
Et, puisque avant ces soins où pour vous il s'engage,
Done Ignès de son cœur avoit reçu l'hommage,
Et que par des liens aussi fermes que doux
L'amitié vous unit, cette comtesse et vous,
Son secret révélé vous est une matière
A donner à vos vœux liberté toute entière,
Et vous pouvez sans crainte à cet amant confus
D'un devoir d'amitié couvrir tous vos refus.
DONE ELVIRE.
Il est vrai que j'ai lieu de chérir la nouvelle
Qui m'apprit que Dom Sylve étoit un infidèle,
Puisque par ses ardeurs mon cœur tyrannisé
Contre elles à présent se voit autorisé,
Qu'il en peut justement combattre les hommages,
Et sans scrupule ailleurs donner tous ses suffrages.
Mais enfin quelle joie en peut prendre ce cœur,
Si d'une autre contrainte il souffre la rigueur,
Si d'un prince jaloux l'éternelle foiblesse
Reçoit indignement les soins de ma tendresse,
Et semble préparer, dans mon juste courroux,
Un éclat à briser tout commerce entre nous?
ÉLISE.
Mais, si de votre bouche il n'a point su sa gloire,
Est-ce un crime pour lui que de n'oser la croire?

Et ce qui d'un rival a pu flatter les feux
L'autorise-t-il pas à douter de vos vœux?
DONE ELVIRE.
Non, non, de cette sombre et lâche jalousie
Rien ne peut excuser l'étrange frénésie,
Et par mes actions je l'ai trop informé
Qu'il peut bien se flatter du bonheur d'être aimé.
Sans employer la langue, il est des interprètes
Qui parlent clairement des atteintes secrètes :
Un soupir, un regard, une simple rougeur,
Un silence, est assez pour expliquer un cœur.
Tout parle dans l'amour, et, sur cette matière,
Le moindre jour doit être une grande lumière,
Puisque chez notre sexe, où l'honneur est puissant,
On ne montre jamais tout ce que l'on ressent.
J'ai voulu, je l'avoue, ajuster ma conduite,
Et voir d'un œil égal l'un et l'autre mérite;
Mais que contre ses vœux on combat vainement,
Et que la différence est connue aisément
De toutes ces faveurs qu'on fait avec étude
A celles où du cœur fait pencher l'habitude!
Dans les unes toujours on paroît se forcer;
Mais les autres, hélas! se font sans y penser,
Semblables à ces eaux si pures et si belles
Qui coulent sans effort des sources naturelles.
Ma pitié pour Dom Sylve avoit beau l'émouvoir,
J'en trahissois les soins sans m'en apercevoir,
Et mes regards au prince, en un pareil martyre,
En disoient toujours plus que je n'en voulois dire.

ACTE I, SCÈNE I

ÉLISE.

Enfin, si les soupçons de cet illustre amant,
Puisque vous le voulez, n'ont point de fondement,
Pour le moins font-ils foi d'une âme bien atteinte,
Et d'autres chériroient ce qui fait votre plainte.
De jaloux mouvements doivent être odieux
S'ils partent d'un amour qui déplaise à nos yeux ;
Mais tout ce qu'un amant nous peut montrer d'alarmes
Doit, lorsque nous l'aimons, avoir pour nous des charmes :
C'est par là que son feu se peut mieux exprimer,
Et plus il est jaloux, plus nous devons l'aimer.
Ainsi, puisqu'en votre âme un prince magnanime...

DONE ELVIRE.

Ah! ne m'avancez point cette étrange maxime.
Partout la jalousie est un monstre odieux ;
Rien n'en peut adoucir les traits injurieux,
Et plus l'amour est cher qui lui donne naissance,
Plus on doit ressentir les coups de cette offense.
Voir un prince emporté, qui perd à tous moments
Le respect que l'amour inspire aux vrais amants ;
Qui, dans les soins jaloux où son âme se noie,
Querelle également mon chagrin et ma joie,
Et dans tous mes regards ne peut rien remarquer
Qu'en faveur d'un rival il ne veuille expliquer !
Non, non, par ces soupçons je suis trop offensée,
Et sans déguisement je te dis ma pensée.
Le prince Dom Garcie est cher à mes désirs,
Il peut d'un cœur illustre échauffer les soupirs ;
Au milieu de Léon on a vu son courage

Me donner de sa flamme un noble témoignage,
Braver en ma faveur des périls les plus grands
M'enlever aux desseins de nos lâches tyrans,
Et, dans ces murs forcés, mettre ma destinée
A couvert des horreurs d'un indigne hyménée;
Et je ne cèle point que j'aurois de l'ennui
Que la gloire en fût due à quelque autre qu'à lui :
Car un cœur amoureux prend un plaisir extrême
A se voir redevable, Élise, à ce qu'il aime,
Et sa flamme timide ose mieux éclater
Lorsqu'en favorisant elle croit s'acquitter.
Oui, j'aime qu'un secours qui hasarde sa tête
Semble à sa passion donner droit de conquêt;
J'aime que mon péril m'ait jetée en ses mains;
Et, si les bruits communs ne sont pas des bruits vains,
Si la bonté du Ciel nous ramène mon frère,
Les vœux les plus ardents que mon cœur puisse faire,
C'est que son bras encor sur un perfide sang
Puisse aider à ce frère à reprendre son rang.
Et, par d'heureux succès d'une haute vaillance,
Mériter tous les soins de sa reconnoissance.
Mais, avec tout cela, s'il pousse mon courrox,
S'il ne purge ses feux de leurs transports jaloux
Et ne les range aux lois que je lui veux prescrire,
C'est inutilement qu'il prétend Done Elvire :
L'hymen ne peut nous joindre, et j'abhorre des nœuds
Qui deviendroient sans doute un enfer pour tous deux.
     ÉLISE.
Bien que l'on pût avoir des sentiments tout autres,

C'est au prince, Madame, à se régler aux vôtres,
Et dans votre billet ils sont si bien marqués
Que, quand il les verra de la sorte expliqués...
Done Elvire.
Je n'y veux point, Élise, employer cette lettre;
C'est un soin qu'à ma bouche il me vaut mieux commettre :
La faveur d'un écrit laisse aux mains d'un amant
Des témoins trop constants de notre attachement :
Ainsi donc empêchez qu'au prince on ne la livre.
Élise.
Toutes vos volontés sont des lois qu'on doit suivre.
J'admire cependant que le Ciel ait jeté
Dans le goût des esprits tant de diversité,
Et que ce que les uns regardent comme outrage
Soit vu par d'autres yeux sous un autre visage.
Pour moi, je trouverois mon sort tout à fait doux
Si j'avois un amant qui pût être jaloux;
Je saurois m'applaudir de son inquiétude;
Et ce qui pour mon âme est souvent un peu rude,
C'est de voir Dom Alvar ne prendre aucun souci.
Done Elvire.
Nous ne le croyions pas si proche : le voici.

SCÈNE II

DONE ELVIRE, DOM ALVAR, ÉLISE.

DONE ELVIRE.
Votre retour surprend : qu'avez-vous à m'apprendre?
Dom Alphonse vient-il? a-t-on lieu de l'attendre?
DOM ALVAR.
Oui, Madame, et ce frère, en Castille élevé,
De rentrer dans ses droits voit le temps arrivé.
Jusqu'ici Dom Louis, qui vit à sa prudence
Par le feu roi mourant commettre son enfance,
A caché ses destins aux yeux de tout l'État
Pour l'ôter aux fureurs du traître Mauregat;
Et, bien que le tyran, depuis sa lâche audace,
L'ait souvent demandé pour lui rendre sa place,
Jamais son zèle ardent n'a pris de sûreté
A l'appas dangereux de sa fausse équité.
Mais, les peuples émus par cette violence
Que vous a voulu faire une injuste puissance,
Ce généreux vieillard a cru qu'il étoit temps
D'éprouver le succès d'un espoir de vingt ans.
Il a tenté Léon, et ses fidèles trames
Des grands comme du peuple ont pratiqué les âmes,
Tandis que la Castille armoit dix mille bras
Pour redonner ce prince aux vœux de ses États;
Il fait auparavant semer sa renommée,

Et ne veut le montrer qu'en tête d'une armée,
Que tout prêt à lancer le foudre punisseur
Sous qui doit succomber un lâche ravisseur.
On investit Léon, et Dom Sylve en personne
Commande le secours que son père vous donne.
DONE ELVIRE.
Un secours si puissant doit flatter notre espoir;
Mais je crains que mon frère y puisse trop devoir.
DOM ALVAR.
Mais, Madame, admirez que, malgré la tempête
Que votre usurpateur oit gronder sur sa tête,
Tous les bruits de Léon annoncent pour certain
Qu'à la comtesse Ignès il va donner la main.
DONE ELVIRE.
Il cherche dans l'hymen de cette illustre fille
L'appui du grand crédit où se voit sa famille.
Je ne reçois rien d'elle, et j'en suis en souci;
Mais son cœur au tyran fut toujours endurci.
ÉLISE.
De trop puissants motifs d'honneur et de tendresse
Opposent ses refus aux nœuds dont on la presse
Pour...
DOM ALVAR.
Le prince entre ici.

SCÈNE III

DOM GARCIE, DONE ELVIRE,
DOM ALVAR, ÉLISE.

Dom Garcie.
　　　　　　　Je viens m'intéresser,
Madame, au doux espoir qu'il vous vient d'annoncer.
Ce frère qui menace un tyran plein de crimes
Flatte de mon amour les transports légitimes.
Son sort offre à mon bras des périls glorieux
Dont je puis faire hommage à l'éclat de vos yeux,
Et par eux m'acquérir, si le Ciel m'est propice,
La gloire d'un revers que vous doit sa justice,
Qui va faire à vos pieds choir l'infidélité
Et rendre à votre sang toute sa dignité.
Mais ce qui plus me plaît d'une attente si chère,
C'est que pour être roi le Ciel vous rend ce frère,
Et qu'ainsi mon amour peut éclater au moins
Sans qu'à d'autres motifs on impute ses soins,
Et qu'il soit soupçonné que dans votre personne
Il cherche à me gagner les droits d'une couronne.
Oui, tout mon cœur voudroit montrer aux yeux de tous
Qu'il ne regarde en vous autre chose que vous,
Et cent fois, si je puis le dire sans offense,
Ses vœux se sont armés contre votre naissance ;
Leur chaleur indiscrète a d'un destin plus bas

Souhaité le partage à vos divins appas,
Afin que de ce cœur le noble sacrifice
Pût du Ciel envers vous réparer l'injustice,
Et votre sort tenir des mains de mon amour
Tout ce qu'il doit au sang dont vous tenez le jour.
Mais, puisque enfin les Cieux de tout ce juste hommage
A mes feux prévenus dérobent l'avantage,
Trouvez bon que ces feux prennent un peu d'espoir
Sur la mort que mon bras s'apprête à faire voir,
Et qu'ils osent briguer par d'illustres services
D'un frère et d'un État les suffrages propices.

Done Elvire.

Je sais que vous pouvez, Prince, en vengeant nos droits,
Faire par votre amour parler cent beaux exploits.
Mais ce n'est pas assez pour le prix qu'il espère
Que l'aveu d'un État et la faveur d'un frère.
Done Elvire n'est pas au bout de cet effort,
Et je vous vois à vaincre un obstacle plus fort.

Dom Garcie.

Oui, Madame, j'entends ce que vous voulez dire ;
Je sais bien que pour vous mon cœur en vain soupire,
Et l'obstacle puissant qui s'oppose à mes feux,
Sans que vous le nommiez, n'est pas secret pour eux.

Done Elvire.

Souvent on entend mal ce qu'on croit bien entendre,
Et par trop de chaleur, Prince, on se peut méprendre.
Mais, puisqu'il faut parler, désirez-vous savoir
Quand vous pourrez me plaire et prendre quelque espoir ?

DOM GARCIE.
Ce me sera, Madame, une faveur extrême.
DONE ELVIRE.
Quand vous saurez m'aimer comme il faut que l'on aime.
DOM GARCIE.
Et que peut-on, hélas! observer sous les cieux
Qui ne cède à l'ardeur que m'inspirent vos yeux?
DONE ELVIRE.
Quand votre passion ne fera rien paraître
Dont se puisse indigner celle qui l'a fait naître.
DOM GARCIE.
C'est là son plus grand soin.
DONE ELVIRE.
Quand tous ses mouvements
Ne prendront point de moi de trop bas sentiments.
DOM GARCIE.
Ils vous révèrent trop.
DONE ELVIRE.
Quand d'un injuste ombrage
Votre raison saura me réparer l'outrage,
Et que vous bannirez enfin ce monstre affreux
Qui de son noir venin empoisonne vos feux,
Cette jalouse humeur dont l'importun caprice
Aux vœux que vous m'offrez rend un mauvais office,
S'oppose à leur attente, et contre eux à tous coups
Arme les mouvements de mon juste courroux.
DOM GARCIE.
Ah! Madame, il est vrai, quelque effort que je fasse,
Qu'un peu de jalousie en mon cœur trouve place,

Et qu'un rival, absent de vos divins appas,
Au repos de ce cœur vient livrer des combats.
Soit caprice ou raison, j'ai toujours la croyance
Que votre âme en ces lieux souffre de son absence,
Et que, malgré mes soins, vos soupirs amoureux
Vont trouver à tous coups ce rival trop heureux.
Mais, si de tels soupçons ont de quoi vous déplaire,
Il vous est bien facile, hélas! de m'y soustraire,
Et leur bannissement, dont j'accepte la loi,
Dépend bien plus de vous qu'il ne dépend de moi.
Oui, c'est vous qui pouvez, par deux mots pleins de flamme,
Contre la jalousie armer toute mon âme,
Et des pleines clartés d'un glorieux espoir
Dissiper les horreurs que ce monstre y fait choir.
Daignez donc étouffer le doute qui m'accable,
Et faites qu'un aveu d'une bouche adorable
Me donne l'assurance, au fort de tant d'assauts,
Que je ne puis trouver dans le peu que je vaux.

    DONE ELVIRE.

Prince, de vos soupçons la tyrannie est grande.
Au moindre mot qu'il dit un cœur veut qu'on l'entende,
Et n'aime pas ces feux dont l'importunité
Demande qu'on s'explique avec tant de clarté.
Le premier mouvement qui découvre notre âme
Doit d'un amant discret satisfaire la flamme,
Et c'est à s'en dédire autoriser nos vœux
Que vouloir plus avant pousser de tels aveux.
Je ne dis point quel choix, s'il m'étoit volontaire,
Entre Dom Sylve et vous mon âme pourroit faire;

Mais vouloir vous contraindre à n'être point jaloux
Auroit dit quelque chose à tout autre que vous,
Et je croyois cet ordre un assez doux langage
Pour n'avoir pas besoin d'en dire davantage.
Cependant votre amour n'est pas encor content;
Il demande un aveu qui soit plus éclatant.
Pour l'ôter de scrupule, il me faut à vous-même,
En des termes exprès, dire que je vous aime;
Et peut-être qu'encor, pour vous en assurer,
Vous vous obstineriez à m'en faire jurer.

Dom Garcie.

Hé bien! Madame, hé bien! je suis trop téméraire.
De tout ce qui vous plaît je dois me satisfaire;
Je ne demande point de plus grande clarté;
Je crois que vous avez pour moi quelque bonté,
Que d'un peu de pitié mon feu vous sollicite,
Et je me vois heureux plus que je ne mérite.
C'en est fait, je renonce à mes soupçons jaloux :
L'arrêt qui les condamne est un arrêt bien doux,
Et je reçois la loi qu'il daigne me prescrire
Pour affranchir mon cœur de leur injuste empire.

Done Elvire.

Vous promettez beaucoup, Prince, et je doute fort
Si vous pourrez sur vous faire ce grand effort.

Dom Garcie.

Ah! Madame, il suffit, pour me rendre croyable,
Que ce qu'on vous promet doit être inviolable,
Et que l'heur d'obéir à sa divinité
Ouvre aux plus grands efforts trop de facilité.

Que le Ciel me déclare une éternelle guerre,
Que je tombe à vos pieds d'un éclat de tonnerre,
Ou, pour périr encor par de plus rudes coups,
Puissé-je voir sur moi fondre votre courroux,
Si jamais mon amour descend à la foiblesse
De manquer aux devoirs d'une telle promesse,
Si jamais dans mon âme aucun jaloux transport
Fait...
             (*Dom Pèdre apporte un billet.*)
         DONE ELVIRE.
         J'en étois en peine, et tu m'obliges fort.
Que le courrier attende. A ces regards qu'il jette,
Vois-je pas que déjà cet écrit l'inquiète?
Prodigieux effet de son tempérament!
Qui vous arrête, Prince, au milieu du serment?
         DOM GARCIE.
J'ai cru que vous aviez quelque secret ensemble,
Et je ne voulois pas l'interrompre.
         DONE ELVIRE.
                          Il me semble
Que vous me répondez d'un ton fort altéré;
Je vous vois tout à coup le visage égaré.
Ce changement soudain a lieu de me surprendre:
D'où peut-il provenir? le pourroit-on apprendre?
         DOM GARCIE.
D'un mal qui tout à coup vient d'attaquer mon cœur.
         DONE ELVIRE.
Souvent plus qu'on ne croit ces maux ont de rigueur,
Et quelque prompt secours vous seroit nécessaire.

Dom Garcie.

Mais encor, dites-moi, vous prend-il d'ordinaire?
Dom Garcie.
Parfois.
Done Elvire.
Ah! Prince foible. Hé bien, par cet écrit
Guérissez-le, ce mal : il n'est que dans l'esprit.
Dom Garcie.
Par cet écrit, Madame! Ah! ma main le refuse.
Je vois votre pensée, et de quoi l'on m'accuse.
Si...
Done Elvire.
Lisez-le, vous dis-je, et satisfaites-vous.
Dom Garcie.
Pour me traiter après de foible, de jaloux?
Non, non; je dois ici vous rendre un témoignage
Qu'à mon cœur cet écrit n'a point donné d'ombrage;
Et, bien que vos bontés m'en laissent le pouvoir,
Pour me justifier, je ne veux point le voir.
Done Elvire.
Si vous vous obstinez à cette résistance,
J'aurois tort de vouloir vous faire violence ;
Et c'est assez enfin que vous avoir pressé
De voir de quelle main ce billet m'est tracé.
Dom Garcie.
Ma volonté toujours vous doit être soumise :
Si c'est votre plaisir que pour vous je le lise,
Je consens volontiers à prendre cet emploi.
Done Elvire.
Oui, oui, Prince, tenez : vous le lirez pour moi.

ACTE I, SCÈNE III

Dom Garcie.
C'est pour vous obéir, au moins, et je puis dire...

Done Elvire.
C'est ce que vous voudrez ; dépêchez-vous de lire.

Dom Garcie.
Il est de Done Ignès, à ce que je connoi.

Done Elvire.
Oui. Je m'en réjouis et pour vous et pour moi.

Dom Garcie *lit.*

Malgré l'effort d'un long mépris,
Le tyran toujours m'aime, et, depuis votre absence,
Vers moi, pour me porter au dessein qu'il a pris,
Il semble avoir tourné toute la violence
    Dont il poursuit l'alliance
    De vous et de son fils.

Ceux qui sur moi peuvent avoir empire,
Par de lâches motifs qu'un faux honneur inspire,
    Approuvent tous cet indigne lien.
J'ignore encor par où finira mon martyre ;
Mais je mourrai plutôt que de consentir rien.
    Puissiez-vous jouir, belle Elvire,
    D'un destin plus doux que le mien !

Done Ignès.

(*Il continue.*)
Dans la haute vertu son âme est affermie.

Done Elvire.
Je vais faire réponse à cette illustre amie.
Cependant apprenez, Prince, à vous mieux armer
Contre ce qui prend droit de vous trop alarmer.
J'ai calmé votre trouble avec cette lumière,
Et la chose a passé d'une douce manière ;

Mais, à n'en point mentir, il seroit des moments
Où je pourrois entrer dans d'autres sentiments.
Dom Garcie.
Hé quoi! vous croyez donc...?
Done Elvire.
Je crois ce qu'il faut croire.
Adieu; de mes avis conservez la mémoire,
Et, s'il est vrai pour moi que votre amour soit grand,
Donnez-en à mon cœur les preuves qu'il prétend.
Dom Garcie.
Croyez que désormais c'est toute mon envie,
Et qu'avant qu'y manquer je veux perdre la vie.

ACTE II

SCÈNE PREMIÈRE

ÉLISE, DOM LOPE.

ÉLISE.

Tout ce que fait le prince, à parler franchement,
N'est pas ce qui me donne un grand étonnement :
Car, que d'un noble amour une âme bien saisie
En pousse les transports jusqu'à la jalousie,
Que de doutes fréquents ses vœux soient traversés,
Il est fort naturel, et je l'approuve assez ;
Mais ce qui me surprend, Dom Lope, c'est d'entendre
Que vous lui préparez les soupçons qu'il doit prendre,
Que votre âme les forme, et qu'il n'est en ces lieux
Fâcheux que par vos soins, jaloux que par vos yeux.
Encore un coup, Dom Lope, une âme bien éprise
Des soupçons qu'elle prend ne me rend point surprise ;
Mais qu'on ait sans amour tous les soins d'un jaloux,
C'est une nouveauté qui n'appartient qu'à vous.

DOM LOPE.
Que sur cette conduite à son aise l'on glose :
Chacun règle la sienne au but qu'il se propose ;
Et, rebuté par vous des soins de mon amour,
Je songe auprès du prince à bien faire ma cour.
ÉLISE.
Mais savez-vous qu'enfin il fera mal la sienne
S'il faut qu'en cette humeur votre esprit l'entretienne ?
DOM LOPE.
Et quand, charmante Élise, a-t-on vu, s'il vous plaît,
Qu'on cherche auprès des grands que son propre intérêt,
Qu'un parfait courtisan veuille charger leur suite
D'un censeur des défauts qu'on trouve en leur conduite,
Et s'aille inquiéter si son discours leur nuit,
Pourvu que sa fortune en tire quelque fruit ?
Tout ce qu'on fait ne va qu'à se mettre en leur grâce ;
Par la plus courte voie on y cherche une place,
Et les plus prompts moyens de gagner leur faveur,
C'est de flatter toujours le foible de leur cœur,
D'applaudir en aveugle à ce qu'ils veulent faire,
Et n'appuyer jamais ce qui peut leur déplaire :
C'est là le vrai secret d'être bien auprès d'eux.
Les utiles conseils font passer pour fâcheux,
Et vous laissent toujours hors de la confidence
Où vous jette d'abord l'adroite complaisance.
Enfin on voit partout que l'art des courtisans
Ne tend qu'à profiter des foiblesses des grands,
A nourrir leurs erreurs, et jamais dans leur âme
Ne porter les avis des choses qu'on y blâme.

ÉLISE.
Ces maximes un temps leur peuvent succéder;
Mais il est des revers qu'on doit appréhender,
Et dans l'esprit des grands, qu'on tâche de surprendre,
Un rayon de lumière à la fin peut descendre
Qui sur tous ces flatteurs venge équitablement
Ce qu'a fait à leur gloire un long aveuglement.
Cependant je dirai que votre âme s'explique
Un peu bien librement sur votre politique;
Et ses nobles motifs, au prince rapportés,
Serviroient assez mal vos assiduités.

Dom Lope.
Outre que je pourrois désavouer sans blâme
Ces libres vérités sur quoi s'ouvre mon âme,
Je sais fort bien qu'Élise a l'esprit trop discret
Pout aller divulguer cet entretien secret.
Qu'ai-je dit, après tout, que sans moi l'on ne sache?
Et dans mon procédé que faut-il que je cache?
On peut craindre une chute avec quelque raison
Quand on met en usage ou ruse ou trahison;
Mais qu'ai-je à redouter, moi qui partout n'avance
Que les soins approuvés d'un peu de complaisance,
Et qui suis seulement par d'utiles leçons
La pente qu'a le prince à de jaloux soupçons?
Son âme semble en vivre, et je mets mon étude
A trouver des raisons à son inquiétude,
A voir de tous côtés s'il ne se passe rien
A fournir le sujet d'un secret entretien;
Et, quand je puis venir, enflé d'une nouvelle,

Donner à son repos une atteinte mortelle;
C'est lors que plus il m'aime, et je vois sa raison
D'une audience avide avaler ce poison,
Et m'en remercier comme d'une victoire
Qui combleroit ses jours de bonheur et de gloire.
Mais mon rival paroît : je vous laisse tous deux;
Et, bien que je renonce à l'espoir de vos vœux,
J'aurois un peu de peine à voir qu'en ma présence
Il reçût des effets de quelque préférence,
Et je veux, si je puis, m'épargner ce souci.

ÉLISE.
Tout amant de bon sens en doit user ainsi.

SCÈNE II

DOM ALVAR, ÉLISE.

Dom Alvar.
Enfin nous apprenons que le roi de Navarre
Pour les désirs du prince aujourd'hui se déclare,
Et qu'un nouveau renfort de troupes nous attend
Pour le fameux service où son amour prétend.
Je suis surpris, pour moi, qu'avec tant de vitesse
On ait fait avancer... Mais...

SCÈNE III

DOM GARCIE, ÉLISE, DOM ALVAR.

Dom Garcie.
      Que fait la princesse ?
Élise.
Quelques lettres, Seigneur : je le présume ainsi ;
Mais elle va savoir que vous êtes ici.

SCÈNE IV

DOM GARCIE, *seul.*

J'attendrai qu'elle ait fait. Près de souffrir sa vue,
D'un trouble tout nouveau je me sens l'âme émue ;
Et la crainte, mêlée à mon ressentiment,
Jette par tout mon corps un soudain tremblement.
Prince, prends garde au moins qu'un aveugle caprice
Ne te conduise ici dans quelque précipice,
Et que de ton esprit les désordres puissants
Ne donnent un peu trop au rapport de tes sens.
Consulte ta raison, prends sa clarté pour guide,
Vois si de tes soupçons l'apparence est solide,
Ne démens pas leur voix, mais aussi garde bien
Que, pour les croire trop, ils ne t'imposent rien,

Qu'à tes premiers transports ils n'osent trop permettre,
Et relis posément cette moitié de lettre.
Ha! qu'est-ce que mon cœur, trop digne de pitié,
Ne voudroit pas donner pour son autre moitié?
Mais, après tout, que dis-je? il suffit bien de l'une,
Et n'en voilà que trop pour voir mon infortune.

> Quoique votre rival...
> Vous devez toutefois vous...
> Et vous avez en vous à...
> L'obstacle le plus grand...
>
> Je chéris tendrement ce...
> Pour me tirer des mains de...
> Son amour, ses devoirs...
> Mais il m'est odieux, avec...
>
> Otez donc à vos feux ce...
> Méritez les regards que l'on...
> Et, lorsqu'on vous oblige...
> Ne vous obstinez point à...

Oui, mon sort par ces mots est assez éclairci;
Son cœur, comme sa main, se fait connoître ici;
Et les sens imparfaits de cet écrit funeste
Pour s'expliquer à moi n'ont pas besoin du reste.
Toutefois dans l'abord agissons doucement,
Couvrons à l'infidèle un vif ressentiment,
Et, de ce que je tiens ne donnant point d'indice,
Confondons son esprit par son propre artifice.
La voici. Ma raison, renferme mes transports,
Et rends-toi pour un temps maîtresse du dehors.

SCÈNE V

DONE ELVIRE, DOM GARCIE.

Done Elvire.
Vous avez bien voulu que je vous fisse attendre?
Dom Garcie.
Ha! qu'elle cache bien!
Done Elvire.
     On vient de nous apprendre
Que le roi votre père approuve vos projets
Et veut bien que son fils nous rende nos sujets,
Et mon âme en a pris une allégresse extrême.
Dom Garcie.
Oui, Madame, et mon cœur s'en réjouit de même;
Mais...
Done Elvire.
   Le tyran sans doute aura peine à parer
Les foudres que partout il entend murmurer;
Et j'ose me flatter que le même courage
Qui put bien me soustraire à sa brutale rage,
Et dans les murs d'Astorgue, arrachés de ses mains,
Me faire un sûr asile à braver ses desseins,
Pourra, de tout Léon achevant la conquête,
Sous ses nobles efforts faire choir cette tête.
Dom Garcie.
Le succès en pourra parler dans quelques jours;

Mais, de grâce, passons à quelque autre discours.
Puis-je, sans trop oser, vous prier de me dire
A qui vous avez pris, Madame, soin d'écrire
Depuis que le destin nous a conduits ici?

DONE ELVIRE.
Pourquoi cette demande, et d'où vient ce souci?

DOM GARCIE.
D'un désir curieux de pure fantaisie.

DONE ELVIRE.
La curiosité naît de la jalousie.

DOM GARCIE.
Non, ce n'est rien du tout de ce que vous pensez :
Vos ordres de ce mal me défendent assez.

DONE ELVIRE.
Sans chercher plus avant quel intérêt vous presse,
J'ai deux fois à Léon écrit à la comtesse,
Et deux fois au marquis Dom Louis à Burgos.
Avec cette réponse êtes-vous en repos?

DOM GARCIE.
Vous n'avez point écrit à quelque autre personne,
Madame?

DONE ELVIRE.
Non, sans doute, et ce discours m'étonne.

DOM GARCIE.
De grâce, songez bien avant que d'assurer :
En manquant de mémoire on peut se parjurer.

DONE ELVIRE.
Ma bouche sur ce point ne peut être parjure.

DOM GARCIE.
Elle a dit toutefois une haute imposture.
DONE ELVIRE.
Prince!
DOM GARCIE.
Madame!
DONE ELVIRE.
O Ciel! quel est ce mouvement?
Avez-vous, dites-moi, perdu le jugement?
DOM GARCIE.
Oui, oui, je l'ai perdu lorsque dans votre vue
J'ai pris, pour mon malheur, le poison qui me tue,
Et que j'ai cru trouver quelque sincérité
Dans les traîtres appas dont je fus enchanté.
DONE ELVIRE.
De quelle trahison pouvez-vous donc vous plaindre?
DOM GARCIE.
Ah! que ce cœur est double et sait bien l'art de feindre!
Mais tous moyens de fuir lui vont être soustraits.
Jetez ici les yeux, et connoissez vos traits :
Sans avoir vu le reste, il m'est assez facile
De découvrir pour qui vous employez ce style.
DONE ELVIRE.
Voilà donc le sujet qui vous trouble l'esprit?
DOM GARCIE.
Vous ne rougissez pas en voyant cet écrit?
DONE ELVIRE.
L'innocence à rougir n'est point accoutumée.

Dom Garcie.
Il est vrai qu'en ces lieux on la voit opprimée.
Ce billet démenti pour n'avoir point de seing...
Done Elvire.
Pourquoi le démentir, puisqu'il est de ma main?
Dom Garcie.
Encore est-ce beaucoup que, de franchise pure,
Vous demeuriez d'accord que c'est votre écriture;
Mais ce sera, sans doute, et j'en serois garant,
Un billet qu'on envoie à quelque indifférent,
Ou, du moins, ce qu'il a de tendresse évidente
Sera pour une amie ou pour quelque parente.
Done Elvire.
Non, c'est pour un amant que ma main l'a formé,
Et j'ajoute, de plus, pour un amant aimé.
Dom Garcie.
Et je puis, ô perfide...
Done Elvire.
Arrêtez, Prince indigne,
De ce lâche transport l'égarement insigne.
Bien que de vous mon cœur ne prenne point de loi
Et ne doive en ces lieux aucun compte qu'à soi,
Je veux bien me purger, pour votre seul supplice,
Du crime que m'impose un insolent caprice;
Vous serez éclairci, n'en doutez nullement.
J'ai ma défense prête en ce même moment.
Vous allez recevoir une pleine lumière;
Mon innocence ici paroîtra toute entière,
Et je veux, vous mettant juge en votre intérêt,

Vous faire prononcer vous-même votre arrêt.
Dom Garcie.
Ce sont propos obscurs qu'on ne sauroit comprendre.
Done Elvire.
Bientôt à vos dépens vous me pourrez entendre.
Élise, holà!

SCÈNE VI

DOM GARCIE, DONE ELVIRE, ÉLISE.

Élise.
Madame.
Done Elvire.
Observez bien au moins
Si j'ose à vous tromper employer quelques soins,
Si, par un seul coup d'œil ou geste qui l'instruise,
Je cherche de ce coup à parer la surprise.
Le billet que tantôt ma main avoit tracé,
Répondez promptement, où l'avez-vous laissé?
Élise.
Madame, j'ai sujet de m'avouer coupable :
Je ne sais comme il est demeuré sur ma table ;
Mais on vient de m'apprendre en ce même moment
Que Dom Lope, venant dans mon appartement,
Par une liberté qu'on lui voit se permettre,
A fureté partout et trouvé cette lettre.
Comme il la déplioit, Léonor a voulu

S'en saisir promptement avant qu'il eût rien lu;
Et, se jetant sur lui, la lettre contestée
En deux justes moitiés dans leurs mains est restée,
Et Dom Lope aussitôt, prenant un prompt essor,
A dérobé la sienne aux soins de Léonor.

DONE ELVIRE.

Avez-vous ici l'autre?

ÉLISE.

Oui, la voilà, Madame.

DONE ELVIRE.

Donnez; nous allons voir qui mérite le blâme.
Avec votre moitié rassemblez celle-ci.
Lisez, et hautement : je veux l'entendre aussi.

DOM GARCIE.

Au prince Dom Garcie ! Ah !

DONE ELVIRE.

Achevez de lire :
Votre âme pour ce mot ne doit pas s'interdire.

DOM GARCIE *lit*.

Quoique votre rival, Prince, alarme votre âme,
Vous devez toutefois vous craindre plus que lui,
Et vous avez en vous à détruire aujourd'hui
L'obstacle le plus grand que trouve votre flamme.

Je chéris tendrement ce qu'a fait Dom Garcie
Pour me tirer des mains de nos fiers ravisseurs;
Son amour, ses devoirs, ont pour moi des douceurs;
Mais il m'est odieux, avec sa jalousie.

Otez donc à vos feux ce qu'ils en font paraître;
Méritez les regards que l'on jette sur eux,
Et, lorsqu'on vous oblige à vous tenir heureux,
Ne vous obstinez point à ne pas vouloir l'être.

ACTE II, SCÈNE VI

Done Elvire.

Hé bien! que dites-vous?

Dom Garcie.

Ah! Madame, je dis
Qu'à cet objet mes sens demeurent interdits;
Que je vois dans ma plainte une horrible injustice,
Et qu'il n'est point pour moi d'assez cruel supplice.

Done Elvire.

Il suffit. Apprenez que, si j'ai souhaité
Qu'à vos yeux cet écrit pût être présenté,
C'est pour le démentir et cent fois me dédire
De tout ce que pour vous vous y venez de lire.
Adieu, Prince.

Dom Garcie.

Madame, hélas! où fuyez-vous?

Done Elvire.

Où vous ne serez point, trop odieux jaloux.

Dom Garcie.

Ah! Madame, excusez un amant misérable
Qu'un sort prodigieux a fait vers vous coupable,
Et qui, bien qu'il vous cause un courroux si puissant,
Eût été plus blâmable à rester innocent.
Car enfin peut-il être une âme bien atteinte
Dont l'espoir le plus doux ne soit mêlé de crainte?
Et pourriez-vous penser que mon cœur eût aimé
Si ce billet fatal ne l'eût point alarmé,
S'il n'avoit point frémi des coups de cette foudre
Dont je me figurois tout mon bonheur en poudre?
Vous-même dites-moi si cet événement

N'eût pas dans mon erreur jeté tout autre amant,
Si d'une preuve, hélas ! qui me sembloit si claire,
Je pouvois démentir...
    DONE ELVIRE.
      Oui, vous le pouviez faire;
Et dans mes sentiments, assez bien déclarés,
Vos doutes rencontroient des garants assurés.
Vous n'aviez rien à craindre, et d'autres, sur ce gage,
Auroient du monde entier bravé le témoignage.
    DOM GARCIE.
Moins on mérite un bien qu'on nous fait espérer,
Plus notre âme a de peine à pouvoir s'assurer :
Un sort trop plein de gloire à nos yeux est fragile,
Et nous laisse aux soupçons une pente facile.
Pour moi, qui crois si peu mériter vos bontés,
J'ai douté du bonheur de mes témérités;
J'ai cru que, dans ces lieux rangés sous ma puissance,
Votre âme se forçoit à quelque complaisance,
Que, déguisant pour moi votre sévérité...
    DONE ELVIRE.
Et je pourrois descendre à cette lâcheté !
Moi prendre le parti d'une honteuse feinte,
Agir par les motifs d'une servile crainte,
Trahir mes sentiments, et, pour être en vos mains,
D'un masque de faveur vous couvrir mes dédains !
La gloire sur mon cœur auroit si peu d'empire !
Vous pouvez le penser, et vous me l'osez dire !
Apprenez que ce cœur ne sait point s'abaisser,
Qu'il n'est rien sous les cieux qui puisse l'y forcer,

Et, s'il vous a fait voir, par une erreur insigne,
Des marques de bonté dont vous n'étiez pas digne,
Qu'il saura bien montrer, malgré votre pouvoir,
La haine que pour vous il se résout d'avoir,
Braver votre furie, et vous faire connaître
Qu'il n'a point été lâche, et ne veut jamais l'être.
Dom Garcie.
Hé bien ! je suis coupable, et ne m'en défends pas ;
Mais je demande grâce à vos divins appas ;
Je la demande au nom de la plus vive flamme
Dont jamais deux beaux yeux aient fait brûler une âme.
Que si votre courroux ne peut être apaisé,
Si mon crime est trop grand pour se voir excusé,
Si vous ne regardez ni l'amour qui le cause,
Ni le vif repentir que mon cœur vous expose,
Il faut qu'un coup heureux, en me faisant mourir,
M'arrache à des tourments que je ne puis souffrir.
Non, ne présumez pas qu'ayant su vous déplaire,
Je puisse vivre une heure avec votre colère.
Déjà de ce moment la barbare longueur
Sous ses cuisants remords fait succomber mon cœur,
Et de mille vautours les blessures cruelles
N'ont rien de comparable à ses douleurs mortelles.
Madame, vous n'avez qu'à me le déclarer,
S'il n'est point de pardon que je doive espérer,
Cette épée aussitôt, par un coup favorable,
Va percer à vos yeux le cœur d'un misérable,
Ce cœur, ce traître cœur, dont les perplexités
Ont si fort outragé vos extrêmes bontés :

Trop heureux, en mourant, si ce coup légitime
Efface en votre esprit l'image de mon crime,
Et ne laisse aucuns traits de votre aversion
Au foible souvenir de mon affection!
C'est l'unique faveur que demande ma flamme.

DONE ELVIRE.

Ha! Prince trop cruel!

DOM GARCIE.

Dites, parlez, Madame.

DONE ELVIRE.

Faut-il encor pour vous conserver des bontés,
Et vous voir m'outrager par tant d'indignités!

DOM GARCIE.

Un cœur ne peut jamais outrager quand il aime,
Et ce que fait l'amour, il l'excuse lui-même.

DONE ELVIRE.

L'amour n'excuse point de tels emportements.

DOM GARCIE.

Tout ce qu'il a d'ardeur passe en ses mouvements,
Et plus il devient fort, plus il trouve de peine...

DONE ELVIRE.

Non, ne m'en parlez point; vous méritez ma haine.

DOM GARCIE.

Vous me haïssez donc?

DONE ELVIRE.

J'y veux tâcher au moins;
Mais, hélas! je crains bien que j'y perde mes soins,
Et que tout le courroux qu'excite votre offense
Ne puisse jusque-là faire aller ma vengeance.

DOM GARCIE.
D'un supplice si grand ne tentez point l'effort,
Puisque, pour vous venger, je vous offre ma mort;
Prononcez-en l'arrêt, et j'obéis sur l'heure.
DONE ELVIRE.
Qui ne sauroit haïr ne peut vouloir qu'on meure.
DOM GARCIE.
Et moi, je ne puis vivre à moins que vos bontés
Accordent un pardon à mes témérités.
Résolvez l'un des deux, de punir ou d'absoudre.
DONE ELVIRE.
Hélas! j'ai trop fait voir ce que je puis résoudre.
Par l'aveu d'un pardon n'est-ce pas se trahir
Que dire au criminel qu'on ne le peut haïr?
DOM GARCIE.
Ah! c'en est trop; souffrez, adorable Princesse...
DONE ELVIRE.
Laissez, je me veux mal d'une telle foiblesse.
(*Elle sort.*)
DOM GARCIE.
Enfin je suis...

SCÈNE VII

DOM LOPE, DOM GARCIE.

DOM LOPE.
Seigneur, je viens vous informer
D'un secret dont vos feux ont droit de s'alarmer.

DOM GARCIE.
Ne me viens point parler de secret ni d'alarme
Dans les doux mouvements du transport qui me charme.
Après ce qu'à mes yeux on vient de présenter,
Il n'est point de soupçons que je doive écouter,
Et d'un divin objet la bonté sans pareille
A tous ces vains rapports doit fermer mon oreille.
Ne m'en fais plus.

DOM LOPE.
            Seigneur, je veux ce qu'il vous plaît ;
Mes soins en tout ceci n'ont que votre intérêt.
J'ai cru que le secret que je viens de surprendre
Méritoit bien qu'en hâte on vous le vînt apprendre ;
Mais, puisque vous voulez que je n'en touche rien,
Je vous dirai, Seigneur, pour changer d'entretien,
Que déjà dans Léon on voit chaque famille
Lever le masque au bruit des troupes de Castille,
Et que surtout le peuple y fait pour son vrai roi
Un éclat à donner au tyran de l'effroi.

DOM GARCIE.
La Castille du moins n'aura pas la victoire
Sans que nous essayions d'en partager la gloire,
Et nos troupes aussi peuvent être en état
D'imprimer quelque crainte au cœur de Mauregat.
Mais quel est ce secret dont tu voulois m'instruire ?
Voyons un peu.

DOM LOPE.
Seigneur, je n'ai rien à vous dire.

Dom Garcie.

Va, va, parle; mon cœur t'en donne le pouvoir.

Dom Lope.

Vos paroles, Seigneur, m'en ont trop fait savoir;
Et, puisque mes avis ont de quoi vous déplaire,
Je saurai désormais trouver l'art de me taire.

Dom Garcie.

Enfin, je veux savoir la chose absolument.

Dom Lope.

Je ne réplique point à ce commandement;
Mais, Seigneur, en ce lieu le devoir de mon zèle
Trahiroit le secret d'une telle nouvelle.
Sortons pour vous l'apprendre, et, sans rien embrasser,
Vous-même vous verrez ce qu'on doit en penser.

ACTE III

SCÈNE PREMIÈRE

DONE ELVIRE, ÉLISE.

Done Elvire.
Élise, que dis-tu de l'étrange foiblesse
Que vient de témoigner le cœur d'une princesse?
Que dis-tu de me voir tomber si promptement
De toute la chaleur de mon ressentiment,
Et, malgré tant d'éclat, relâcher mon courage
Au pardon trop honteux d'un si cruel outrage?
Élise.
Moi, je dis que d'un cœur que nous pouvons chérir
Une injure sans doute est bien dure à souffrir;
Mais que, s'il n'en est point qui davantage irrite,
Il n'en est point aussi qu'on pardonne si vite,
Et qu'un coupable aimé triomphe à nos genoux
De tous les prompts transports du plus bouillant courroux,
D'autant plus aisément, Madame, quand l'offense
Dans un excès d'amour peut trouver sa naissance.

Ainsi, quelque dépit que l'on vous ait causé,
Je ne m'étonne point de le voir apaisé,
Et je sais quel pouvoir, malgré votre menace,
A de pareils forfaits donnera toujours grâce.
DONE ELVIRE.
Ah! sache, quelque ardeur qui m'impose des lois,
Que mon front a rougi pour la dernière fois,
Et que, si désormais on pousse ma colère,
Il n'est point de retour qu'il faille qu'on espère.
Quand je pourrois reprendre un tendre sentiment,
C'est assez contre lui que l'éclat d'un serment :
Car enfin un esprit qu'un peu d'orgueil inspire
Trouve beaucoup de honte à se pouvoir dédire,
Et souvent, aux dépens d'un pénible combat,
Fait sur ses propres vœux un illustre attentat,
S'obstine par honneur, et n'a rien qu'il n'immole
A la noble fierté de tenir sa parole.
Ainsi, dans le pardon que l'on vient d'obtenir
Ne prends point de clartés pour régler l'avenir,
Et, quoi qu'à mes destins la fortune prépare,
Crois que je ne puis être au prince de Navarre
Que de ces noirs accès qui troublent sa raison
Il n'ait fait éclater l'entière guérison,
Et réduit tout mon cœur, que ce mal persécute,
A n'en plus redouter l'affront d'une rechute.
ÉLISE.
Mais quel affront nous fait le transport d'un jaloux ?
DONE ELVIRE.
En est-il un qui soit plus digne de courroux?

Et, puisque notre cœur fait un effort extrême
Lorsqu'il se peut résoudre à confesser qu'il aime,
Puisque l'honneur du sexe, en tout temps rigoureux,
Oppose un fort obstacle à de pareils aveux,
L'amant qui voit pour lui franchir un tel obstacle
Doit-il impunément douter de cet oracle?
Et n'est-il pas coupable alors qu'il ne croit pas
Ce qu'on ne dit jamais qu'après de grands combats?
        ÉLISE.
Moi, je tiens que toujours un peu de défiance
En ces occasions n'a rien qui nous offense,
Et qu'il est dangereux qu'un cœur qu'on a charmé
Soit trop persuadé, Madame, d'être aimé,
Si...
        DONE ELVIRE.
  N'en disputons plus : chacun a sa pensée.
C'est un scrupule enfin dont mon âme est blessée,
Et, contre mes désirs, je sens je ne sais quoi
Me prédire un éclat entre le prince et moi,
Qui, malgré ce qu'on doit aux vertus dont il brille...
Mais, ô Ciel! en ces lieux Dom Sylve de Castille!
Ah! Seigneur, par quel sort vous vois-je maintenant?

SCÈNE II

DOM SYLVE, DONE ELVIRE, ÉLISE.

DOM SYLVE.

Je sais que mon abord, Madame, est surprenant,
Et qu'être sans éclat entré dans cette ville,
Dont l'ordre d'un rival rend l'accès difficile,
Qu'avoir pu me soustraire aux yeux de ses soldats,
C'est un événement que vous n'attendiez pas.
Mais, si j'ai dans ces lieux franchi quelques obstacles,
L'ardeur de vous revoir peut bien d'autres miracles ;
Tout mon cœur a senti par de trop rudes coups
Le rigoureux destin d'être éloigné de vous,
Et je n'ai pu nier au tourment qui le tue
Quelques moments secrets d'une si chère vue.
Je viens vous dire donc que je rends grâce aux Cieux
De vous voir hors des mains d'un tyran odieux ;
Mais, parmi les douceurs d'une telle aventure,
Ce qui m'est un sujet d'éternelle torture,
C'est de voir qu'à mon bras les rigueurs de mon sort
Ont envié l'honneur de cet illustre effort,
Et fait à mon rival, avec trop d'injustice,
Offrir les doux périls d'un si fameux service.
Oui, Madame, j'avois, pour rompre vos liens,
Des sentiments sans doute aussi beaux que les siens,
Et je pouvois pour vous gagner cette victoire,
Si le Ciel n'eût voulu m'en dérober la gloire.

DONE ELVIRE.

Je sais, Seigneur, je sais que vous avez un cœur
Qui des plus grands périls vous peut rendre vainqueur,
Et je ne doute point que ce généreux zèle,
Dont la chaleur vous pousse à venger ma querelle,
N'eût, contre les efforts d'un indigne projet
Pu faire en ma faveur tout ce qu'un autre a fait.
Mais, sans cette action, dont vous étiez capable,
Mon sort à la Castille est assez redevable;
On sait ce qu'en ami plein d'ardeur et de foi
Le comte votre père a fait pour le feu roi.
Après l'avoir aidé jusqu'à l'heure dernière,
Il donne en ses États un asile à mon frère;
Quatre lustres entiers, il y cache son sort
Aux barbares fureurs de quelque lâche effort.
Et, pour rendre à son front l'éclat d'une coronne,
Contre nos ravisseurs vous marchez en personne.
N'êtes-vous pas content? et ces soins généreux
Ne m'attachent-ils point par d'assez puissants nœuds?
Quoi! votre âme, Seigneur, seroit-elle obstinée
A vouloir asservir toute ma destinée?
Et faut-il que jamais il ne tombe sur nous
L'ombre d'un seul bienfait qu'il ne vienne de vous?
Ah! souffrez, dans les maux où mon destin m'expose,
Qu'aux soins d'un autre aussi je doive quelque chose,
Et ne vous plaignez point de voir un autre bras
Acquérir de la gloire où le vôtre n'est pas.

DOM SYLVE.

Oui, Madame, mon cœur doit cesser de s'explaindre;

Avec trop de raison vous voulez m'y contraindre,
Et c'est injustement qu'on se plaint d'un malheur
Quand un autre plus grand s'offre à notre douleur.
Ce secours d'un rival m'est un cruel martyre ;
Mais, hélas! de mes maux ce n'est pas là le pire :
Le coup, le rude coup dont je suis atterré,
C'est de me voir par vous ce rival préféré.
Oui, je ne vois que trop que ses feux pleins de gloire
Sur les miens dans votre âme emportent la victoire ;
Et cette occasion de servir vos appas,
Cet avantage offert de signaler son bras,
Cet éclatant exploit qui vous fut salutaire,
N'est que le pur effet du bonheur de vous plaire,
Que le secret pouvoir d'un astre merveilleux
Qui fait tomber la gloire où s'attachent vos vœux.
Ainsi tous mes efforts ne seront que fumée.
Contre vos fiers tyrans je conduis une armée,
Mais je marche en tremblant à cet illustre emploi,
Assuré que vos vœux ne seront pas pour moi,
Et que, s'ils sont suivis, la fortune prépare
L'heur des plus beaux succès aux soins de la Navarre.
Ah! Madame, faut-il me voir précipité
De l'espoir glorieux dont je m'étois flatté,
Et ne puis-je savoir quels crimes on m'impute,
Pour avoir mérité cette effroyable chute?

DONE ELVIRE.

Ne me demandez rien avant que regarder
Ce qu'à mes sentiments vous devez demander,
Et, sur cette froideur qui semble vous confondre,

Répondez-vous, Seigneur, ce que je puis répondre :
Car enfin tous vos soins ne sauroient ignorer
Quels secrets de votre âme on m'a su déclarer,
Et je la crois, cette âme, et trop noble et trop haute
Pour vouloir m'obliger à commettre une faute.
Vous-même dites-vous s'il est de l'équité
De me voir couronner une infidélité,
Si vous pouviez m'offrir sans beaucoup d'injustice
Un cœur à d'autres yeux offert en sacrifice,
Vous plaindre avec raison, et blâmer mes refus
Lorsqu'ils veulent d'un crime affranchir vos vertus.
Oui, Seigneur, c'est un crime, et les premières flammes
Ont des droits si sacrés sur les illustres âmes
Qu'il faut perdre grandeurs et renoncer au jour
Plutôt que de pencher vers un second amour.
J'ai pour vous cette ardeur que peut prendre l'estime
Pour un courage haut, pour un cœur magnanime ;
Mais n'exigez de moi que ce que je vous dois,
Et soutenez l'honneur de votre premier choix.
Malgré vos feux nouveaux, voyez quelle tendresse
Vous conserve le cœur de l'aimable comtesse,
Ce que pour un ingrat (car vous l'êtes, Seigneur)
Elle a d'un choix constant refusé de bonheur,
Quel mépris généreux, dans son ardeur extrême,
Elle a fait de l'éclat que donne un diadème !
Voyez combien d'efforts pour vous elle a bravés,
Et rendez à son cœur ce que vous lui devez.

DOM SYLVE.

Ah ! Madame, à mes yeux n'offrez point son mérite :

Il n'est que trop présent à l'ingrat qui la quitte ;
Et, si mon cœur vous dit ce que pour elle il sent,
J'ai peur qu'il ne soit pas envers vous innocent.
Oui, ce cœur l'ose plaindre, et ne suit pas sans peine
L'impérieux effort de l'amour qui l'entraîne ;
Aucun espoir pour vous n'a flatté mes désirs
Qui ne m'ait arraché pour elle des soupirs,
Qui n'ait, dans ses douceurs, fait jeter à mon âme
Quelques tristes regards vers sa première flamme,
Se reprocher l'effet de vos divins attraits,
Et mêler des remords à mes plus chers souhaits.
J'ai fait plus que cela, puisqu'il vous faut tout dire :
Oui, j'ai voulu sur moi vous ôter votre empire,
Sortir de votre chaîne, et rejeter mon cœur
Sous le joug innocent de son premier vainqueur.
Mais, après mes efforts, ma constance abattue
Voit un cours nécessaire à ce mal qui me tue,
Et, dût être mon sort à jamais malheureux,
Je ne puis renoncer à l'espoir de mes vœux ;
Je ne saurois souffrir l'épouvantable idée
De vous voir par un autre à mes yeux possédée,
Et le flambeau du jour, qui m'offre vos appas,
Doit avant cet hymen éclairer mon trépas.
Je sais que je trahis une princesse aimable ;
Mais, Madame, après tout, mon cœur est-il coupable ?
Et le fort ascendant que prend votre beauté
Laisse-t-il aux esprits aucune liberté ?
Hélas ! je suis ici bien plus à plaindre qu'elle.
Son cœur, en me perdant, ne perd qu'un infidèle :

D'un pareil déplaisir on se peut consoler;
Mais moi, par un malheur qui ne peut s'égaler,
J'ai celui de quitter une aimable personne,
Et tous les maux encor que mon amour me donne.
Done Elvire.
Vous n'avez que les maux que vous voulez avoir,
Et toujours notre cœur est en notre pouvoir;
Il peut bien quelquefois montrer quelque foiblesse,
Mais enfin sur nos sens la raison, la maîtresse...

SCÈNE III

DOM GARCIE, DONE ELVIRE, DOM SYLVE.

Dom Garcie.
Madame, mon abord, comme je connois bien,
Assez mal à propos trouble votre entretien,
Et mes pas en ce lieu, s'il faut que je le die,
Ne croyoient pas trouver si bonne compagnie.
Done Elvire.
Cette vue, en effet, surprend au dernier point,
Et, de même que vous, je ne l'attendois point.
Dom Garcie.
Oui, Madame, je crois que de cette visite,
Comme vous l'assurez, vous n'étiez point instruite.
Mais, Seigneur, vous deviez nous faire au moins l'honneur
De nous donner avis de ce rare bonheur,
Et nous mettre en état, sans nous vouloir surprendre,

ACTE III, SCÈNE III

De vous rendre en ces lieux ce qu'on voudroit vous rendre.
Dom Sylve.
Les héroïques soins vous occupent si fort
Que de vous en tirer, Seigneur, j'aurois eu tort;
Et des grands conquérants les sublimes pensées
Sont aux civilités avec peine abaissées.
Dom Garcie.
Mais les grands conquérants, dont on vante les soins,
Loin d'aimer le secret, affectent les témoins.
Leur âme, dès l'enfance à la gloire élevée,
Les fait dans leurs projets aller tête levée,
Et, s'appuyant toujours sur de hauts sentiments,
Ne s'abaisse jamais à des déguisements.
Ne commettez-vous point vos vertus héroïques
En passant dans ces lieux par de sourdes pratiques?
Et ne craignez-vous point qu'on puisse, aux yeux de tous,
Trouver cette action trop indigne de vous?
Dom Sylve.
Je ne sais si quelqu'un blâmera ma conduite,
Au secret que j'ai fait d'une telle visite;
Mais je sais qu'aux projets qui veulent la clarté,
Prince, je n'ai jamais cherché l'obscurité;
Et, quand j'aurai sur vous à faire une entreprise,
Vous n'aurez pas sujet de blâmer la surprise:
Il ne tiendra qu'à vous de vous en garantir,
Et l'on prendra le soin de vous en avertir.
Cependant demeurons aux termes ordinaires,
Remettons nos débats après d'autres affaires,
Et, d'un sang un peu chaud réprimant les bouillons,

N'oublions pas tous deux devant qui nous parlons.
DONE ELVIRE.
Prince, vous avez tort, et sa visite est telle
Que vous...
DOM GARCIE.
Ah! c'en est trop que prendre sa querelle,
Madame, et votre esprit devroit feindre un peu mieux
Lorsqu'il veut ignorer sa venue en ces lieux.
Cette chaleur si prompte à vouloir la défendre
Persuade assez mal qu'elle ait pu vous surprendre.
DONE ELVIRE.
Quoi que vous soupçonniez, il m'importe si peu
Que j'aurois du regret d'en faire un désaveu.
DOM GARCIE.
Poussez donc jusqu'au bout cet orgueil héroïque,
Et que sans hésiter tout votre cœur s'explique;
C'est au déguisement donner trop de crédit.
Ne désavouez rien, puisque vous l'avez dit.
Tranchez, tranchez le mot, forcez toute contrainte,
Dites que de ses feux vous ressentez l'atteinte,
Que pour vous sa présence a des charmes si doux...
DONE ELVIRE.
Et, si je veux l'aimer, m'en empêcherez-vous?
Avez-vous sur mon cœur quelque empire à prétendre,
Et pour régler mes vœux ai-je votre ordre à prendre?
Sachez que trop d'orgueil a pu vous décevoir
Si votre cœur sur moi s'est cru quelque pouvoir,
Et que mes sentiments sont d'une âme trop grande
Pour vouloir les cacher lorsqu'on me les demande.

Je ne vous dirai point si le comte est aimé;
Mais apprenez de moi qu'il est fort estimé,
Que ses hautes vertus, pour qui je m'intéresse,
Méritent mieux que vous les vœux d'une princesse;
Que je garde aux ardeurs, aux soins qu'il me fait voir,
Tout le ressentiment qu'une âme puisse avoir,
Et que, si des destins la fatale puissance
M'ôte la liberté d'être sa récompense,
Au moins est-il en moi de promettre à ses vœux
Qu'on ne me verra point le butin de vos feux;
Et, sans vous amuser d'une attente frivole,
C'est à quoi je m'engage, et je tiendrai parole.
Voilà mon cœur ouvert, puisque vous le voulez,
Et mes vrais sentiments à vos yeux étalés.
Êtes-vous satisfait? et mon âme attaquée
S'est-elle, à votre avis, assez bien expliquée?
Voyez, pour vous ôter tout lieu de soupçonner,
S'il reste quelque jour encore à vous donner.
  (A Dom Sylve.)
Cependant, si vos soins s'attachent à me plaire,
Songez que votre bras, Comte, m'est nécessaire,
Et, d'un capricieux quels que soient les transports,
Qu'à punir nos tyrans il doit tous ses efforts.
Fermez l'oreille enfin à toute sa furie,
Et, pour vous y porter, c'est moi qui vous en prie.

SCÈNE IV

DOM GARCIE, DOM SYLVE.

Dom Garcie.

Tout vous rit, et votre âme, en cette occasion,
Jouit superbement de ma confusion ;
Il vous est doux de voir un aveu plein de gloire
Sur les feux d'un rival marquer votre victoire ;
Mais c'est à votre joie un surcroît sans égal
D'en avoir pour témoins les yeux de ce rival,
Et mes prétentions hautement étouffées
A vos vœux triomphants sont d'illustres trophées.
Goûtez à pleins transports ce bonheur éclatant,
Mais sachez qu'on n'est pas encore où l'on prétend.
La fureur qui m'anime a de trop justes causes,
Et l'on verra peut-être arriver bien des choses :
Un désespoir va loin quand il est échappé,
Et tout est pardonnable à qui se voit trompé.
Si l'ingrate, à mes yeux, pour flatter votre flamme,
A jamais n'être à moi vient d'engager son âme,
Je saurai bien trouver, dans mon juste courroux,
Les moyens d'empêcher qu'elle ne soit à vous.

Dom Sylve.

Cet obstacle n'est pas ce qui me met en peine ;
Nous verrons quelle attente en tout cas sera vaine,
Et chacun de ses feux pourra, par sa valeur,

Ou défendre la gloire ou venger le malheur.
Mais, comme entre rivaux l'âme la plus posée
A des termes d'aigreur trouve une pente aisée,
Et que je ne veux point qu'un pareil entretien
Puisse trop échauffer votre esprit et le mien,
Prince, affranchissez-moi d'une gêne secrète,
Et me donnez moyen de faire ma retraite.
Dom Garcie.
Non, non, ne craignez point qu'on pousse votre esprit
A violer ici l'ordre qu'on vous prescrit ;
Quelque juste fureur qui me presse et vous flatte,
Je sais, Comte, je sais quand il faut qu'elle éclate.
Ces lieux vous sont ouverts ; oui, sortez-en, sortez
Glorieux des douceurs que vous en remportez ;
Mais, encore une fois, apprenez que ma tête
Peut seule dans vos mains mettre votre conquête.
Dom Sylve.
Quand nous en serons là, le sort en notre bras
De tous nos intérêts videra les débats.

ACTE IV

SCÈNE PREMIÈRE

DONE ELVIRE, DOM ALVAR.

DONE ELVIRE.
Retournez, Dom Alvar, et perdez l'espérance
De me persuader l'oubli de cette offense;
Cette plaie en mon cœur ne sauroit se guérir,
Et les soins qu'on en prend ne font rien que l'aigrir.
A quelques faux respects croit-il que je défère?
Non, non, il a poussé trop avant ma colère,
Et son vain repentir, qui porte ici vos pas,
Sollicite un pardon que vous n'obtiendrez pas.
DOM ALVAR.
Madame, il fait pitié; jamais cœur, que je pense,
Par un plus vif remords n'expia son offense,
Et, si dans sa douleur vous le considériez,
Il toucheroit votre âme, et vous l'excuseriez.
On sait bien que le prince est dans un âge à suivre
Les premiers mouvements où son âme se livre,

Et qu'en un sang bouillant toutes les passions
Ne laissent guère place à des réflexions.
Dom Lope, prévenu d'une fausse lumière,
De l'erreur de son maître a fourni la matière.
Un bruit assez confus, dont le zèle indiscret
A de l'abord du comte éventé le secret,
Vous avoit mise aussi de cette intelligence
Qui dans ces lieux gardés a donné sa présence.
Le prince a cru l'avis, et son amour, séduit,
Sur une fausse alarme a fait tout ce grand bruit.
Mais d'une telle erreur son âme est revenue;
Votre innocence enfin lui vient d'être connue,
Et Dom Lope qu'il chasse est un visible effet
Du vif remords qu'il sent de l'éclat qu'il a fait.

DONE ELVIRE.

Ah ! c'est trop promptement qu'il croit mon innocence;
Il n'en a pas encore une entière assurance :
Dites-lui, dites-lui qu'il doit bien tout peser,
Et ne se hâter point, de peur de s'abuser.

DOM ALVAR.

Madame, il sait trop bien...

DONE ELVIRE.

      Mais, Dom Alvar, de grâce,
N'étendons pas plus loin un discours qui me lasse :
Il réveille un chagrin qui vient à contretemps
En troubler dans mon cœur d'autres plus importants.
Oui, d'un trop grand malheur la surprise me presse,
Et le bruit du trépas de l'illustre comtesse
Doit s'emparer si bien de tout mon déplaisir

Qu'aucun autre souci n'a droit de me saisir.
Dom Alvar.
Madame, ce peut être une fausse nouvelle;
Mais mon retour au prince en porte une cruelle.
Done Elvire.
De quelque grand ennui qu'il puisse être agité,
Il en aura toujours moins qu'il n'a mérité.

SCÈNE II

DONE ELVIRE, ÉLISE.

Élise.
J'attendois qu'il sortît, Madame, pour vous dire
Ce qui veut maintenant que votre âme respire,
Puisque votre chagrin, dans un moment d'ici,
Du sort de Done Ignès peut se voir éclairci.
Un inconnu, qui vient pour cette confidence,
Vous fait par un des siens demander audience.
Done Elvire.
Élise, il faut le voir; qu'il vienne promptement.
Élise.
Mais il veut n'être vu que de vous seulement,
Et par cet envoyé, Madame, il sollicite
Qu'il puisse sans témoins vous rendre sa visite.
Done Elvire.
Hé bien! nous serons seuls, et je vais l'ordonner,

Tandis que tu prendras le soin de l'amener.
Que mon impatience en ce moment est forte!
O destins! est-ce joie ou douleur qu'on m'apporte?

SCÈNE III

DOM PÈDRE, ÉLISE.

ÉLISE.

Où...?

DOM PÈDRE.
Si vous me cherchez, Madame, me voici.
ÉLISE.
En quel lieu votre maître...?
DOM PÈDRE.
Il est proche d'ici;
Le ferai-je venir?
ÉLISE.
Dites-lui qu'il s'avance,
Assuré qu'on l'attend avec impatience,
Et qu'il ne se verra d'aucuns yeux éclairé.
Je ne sais quel secret en doit être auguré:
Tant de précautions qu'il affecte de prendre...
Mais le voici déjà.

SCÈNE IV

DONE IGNÈS, ÉLISE.

ÉLISE.
Seigneur, pour vous attendre
On a fait... Mais que vois-je? Ha! Madame, mes yeux...
DONE IGNÈS, *en habit de cavalier.*
Ne me découvrez point, Élise, dans ces lieux,
Et laissez respirer ma triste destinée
Sous une feinte mort que je me suis donnée.
C'est elle qui m'arrache à tous mes fiers tyrans,
Car je puis sous ce nom comprendre mes parents.
J'ai par elle évité cet hymen redoutable,
Pour qui j'aurois souffert une mort véritable,
Et, sous cet équipage et le bruit de ma mort,
Il faut cacher à tous le secret de mon sort,
Pour me voir à l'abri de l'injuste poursuite
Qui pourroit dans ces lieux persécuter ma fuite.
ÉLISE.
Ma surprise en public eût trahi vos désirs,
Mais allez là dedans étouffer des soupirs,
Et des charmants transports d'une pleine allégresse
Saisir à votre aspect le cœur de la princesse.
Vous la trouverez seule : elle-même a pris soin
Que votre abord fût libre et n'eût aucun témoin.
Vois-je pas Dom Alvar?

SCÈNE V

DOM ALVAR, ÉLISE.

Dom Alvar.
Le prince me renvoie
Vous prier que pour lui votre crédit s'emploie.
De ses jours, belle Élise, on doit n'espérer rien
S'il n'obtient par vos soins un moment d'entretien :
Son âme a des transports... Mais le voici lui-même.

SCÈNE VI

DOM GARCIE, DOM ALVAR, ÉLISE.

Dom Garcie.
Ah ! sois un peu sensible à ma disgrâce extrême,
Élise, et prends pitié d'un cœur infortuné
Qu'aux plus vives douleurs tu vois abandonné.
Élise.
C'est avec d'autres yeux que ne fait la princesse,
Seigneur, que je verrois le tourment qui vous presse ;
Mais nous avons du Ciel, ou du tempérament,
Que nous jugeons de tout chacun diversement ;
Et, puisqu'elle vous blâme, et que sa fantaisie

Lui fait un monstre affreux de votre jalousie,
Je serois complaisant, et voudrois m'efforcer
De cacher à ses yeux ce qui peut les blesser.
Un amant suit sans doute une utile méthode
S'il fait qu'à notre humeur la sienne s'accommode,
Et cent devoirs sont moins que ces ajustements
Qui font croire en deux cœurs les mêmes sentiments.
L'art de ces deux rapports fortement les assemble,
Et nous n'aimons rien tant que ce qui nous ressemble.

Dom Garcie.

Je le sais; mais, hélas! les destins inhumains
S'opposent à l'effet de ces justes desseins,
Et, malgré tous mes soins, viennent toujours me tendre
Un piège dont mon cœur ne sauroit se défendre.
Ce n'est pas que l'ingrate, aux yeux de mon rival,
N'ait fait contre mes feux un aveu trop fatal,
Et témoigné pour lui des excès de tendresse
Dont le cruel objet me reviendra sans cesse;
Mais, comme trop d'ardeur enfin m'avoit séduit
Quand j'ai cru qu'en ces lieux elle l'ait introduit,
D'un trop cuisant ennui je sentirois l'atteinte
A lui laisser sur moi quelque sujet de plainte.
Oui, je veux faire au moins, si je m'en vois quitté,
Que ce soit de son cœur pure infidélité,
Et, venant m'excuser d'un trait de promptitude,
Dérober tout prétexte à son ingratitude.

Élise.

Laissez un peu de temps à son ressentiment,
Et ne la voyez point, Seigneur, si promptement.

Dom Garcie.

Ah ! si tu me chéris, obtiens que je la voie :
C'est une liberté qu'il faut qu'elle m'octroie ;
Je ne pars point d'ici qu'au moins son fier dédain...

Élise.

De grâce, différez l'effet de ce dessein.

Dom Garcie.

Non, ne m'oppose point une excuse frivole.

Élise, *à part*.

Il faut que ce soit elle, avec une parole,
Qui trouve les moyens de le faire en aller.
    (*A Dom Garcie.*)
Demeurez donc, Seigneur, je m'en vais lui parler.

Dom Garcie.

Dis-lui que j'ai d'abord banni de ma présence
Celui dont les avis ont causé mon offense ;
Que Dom Lope jamais...

SCÈNE VII

DOM GARCIE, DOM ALVAR.

Dom Garcie, *regardant par la porte entr'ouverte*.

Que vois-je, ô justes Cieux !
Faut-il que je m'assure au rapport de mes yeux ?
Ah ! sans doute ils me sont des témoins trop fidèles.
Voilà le comble affreux de mes peines mortelles ;

Voici le coup fatal qui devoit m'accabler ;
Et, quand par des soupçons je me sentois troubler,
C'étoit, c'étoit le Ciel dont la sourde menace
Présageoit à mon cœur cette horrible disgrâce.

DOM ALVAR.

Qu'avez-vous vu, Seigneur, qui vous puisse émouvoir?

DOM GARCIE.

J'ai vu ce que mon âme a peine à concevoir,
Et le renversement de toute la nature
Ne m'étonneroit pas comme cette aventure.
C'en est fait... le destin... Je ne saurois parler.

DOM ALVAR.

Seigneur, que votre esprit tâche à se rappeler.

DOM GARCIE.

J'ai vu... Vengeance, ô Ciel!

DOM ALVAR.

      Quelle atteinte soudaine...

DOM GARCIE.

J'en mourrai, Dom Alvar, la chose est bien certaine.

DOM ALVAR.

Mais, Seigneur, qui pourroit...?

DOM GARCIE.

      Ah! tout est ruiné,
Je suis, je suis trahi, je suis assassiné :
Un homme (sans mourir te le puis-je bien dire?),
Un homme dans les bras de l'infidèle Elvire!

DOM ALVAR.

Ah! Seigneur, la princesse est vertueuse au point...

ACTE IV, SCÈNE VII

Dom Garcie.
Ah! sur ce que j'ai vu ne me contestez point,
Dom Alvar; c'en est trop que soutenir sa gloire,
Lorsque mes yeux font foi d'une action si noire.
Dom Alvar.
Seigneur, nos passions nous font prendre souvent
Pour chose véritable un objet décevant;
Et de croire qu'une âme à la vertu nourrie
Se puisse...
Dom Garcie.
Dom Alvar, laissez-moi, je vous prie :
Un conseiller me choque en cette occasion,
Et je ne prends avis que de ma passion.
Dom Alvar, *à part*.
Il ne faut rien répondre à cet esprit farouche.
Dom Garcie.
Ah! que sensiblement cette atteinte me touche!
Mais il faut voir qui c'est, et de ma main punir.
La voici. Ma fureur, te peux-tu retenir?

SCÈNE VIII

DONE ELVIRE, DOM GARCIE, DOM ALVAR.

Done Elvire.
Hé bien! que voulez-vous? et quel espoir de grâce,
Après vos procédés, peut flatter votre audace?
Osez-vous à mes yeux encor vous présenter?

Et que me direz-vous que je doive écouter?
Dom Garcie.
Que toutes les horreurs dont une âme est capable
A vos déloyautés n'ont rien de comparable,
Que le sort, les démons, et le Ciel en courroux,
N'ont jamais rien produit de si méchant que vous.
Done Elvire.
Ah! vraiment, j'attendois l'excuse d'un outrage;
Mais, à ce que je vois, c'est un autre langage.
Dom Garcie.
Oui, oui, c'en est un autre, et vous n'attendiez pas
Que j'eusse découvert le traître dans vos bras,
Qu'un funeste hasard, par la porte entr'ouverte,
Eût offert à mes yeux votre honte et ma perte.
Est-ce l'heureux amant, sur ses pas revenu,
Ou quelque autre rival qui m'étoit inconnu?
O Ciel! donne à mon cœur des forces suffisantes
Pour pouvoir supporter des douleurs si cuisantes!
Rougissez maintenant, vous en avez raison,
Et le masque est levé de votre trahison.
Voilà ce que marquoient les troubles de mon âme:
Ce n'étoit pas en vain que s'alarmoit ma flamme;
Par ces fréquents soupçons, qu'on trouvoit odieux,
Je cherchois le malheur qu'ont rencontré mes yeux,
Et, malgré tous vos soins et votre adresse à feindre,
Mon astre me disoit ce que j'avois à craindre.
Mais ne présumez pas que sans être vengé
Je souffre le dépit de me voir outragé.
Je sais que sur les vœux on n'a point de puissance,

Que l'amour veut partout naître sans dépendance,
Que jamais par la force on n'entra dans un cœur,
Et que toute âme est libre à nommer son vainqueur :
Aussi ne trouverois-je aucun sujet de plainte
Si pour moi votre bouche avoit parlé sans feinte,
Et, son arrêt livrant mon espoir à la mort,
Mon cœur n'auroit eu droit de s'en prendre qu'au sort.
Mais d'un aveu trompeur voir ma flamme applaudie,
C'est une trahison, c'est une perfidie,
Qui ne sauroit trouver de trop grands châtiments,
Et je puis tout permettre à mes ressentiments.
Non, non, n'espérez rien après un tel outrage :
Je ne suis plus à moi, je suis tout à la rage.
Trahi de tous côtés, mis dans un triste état,
Il faut que mon amour se venge avec éclat,
Qu'ici j'immole tout à ma fureur extrême,
Et que mon désespoir achève par moi-même.

DONE ELVIRE.

Assez paisiblement vous a-t-on écouté?
Et pourrai-je à mon tour parler en liberté?

DOM GARCIE.

Et par quels beaux discours, que l'artifice inspire...?

DONE ELVIRE.

Si vous avez encor quelque chose à me dire,
Vous pouvez l'ajouter, je suis prête à l'ouïr;
Sinon, faites au moins que je puisse jouir
De deux ou trois moments de paisible audience.

DOM GARCIE.

Hé bien! j'écoute. O Ciel! quelle est ma patience!

DONE ELVIRE.
Je force ma colère, et veux sans nulle aigreur
Répondre à ce discours si rempli de fureur.
DOM GARCIE.
C'est que vous voyez bien...
DONE ELVIRE.
Ah ! j'ai prêté l'oreille
Autant qu'il vous a plu ; rendez-moi la pareille.
J'admire mon destin, et jamais sous les cieux
Il ne fut rien, je crois, de si prodigieux,
Rien dont la nouveauté soit plus inconcevable,
Et rien que la raison rende moins supportable.
Je me vois un amant qui, sans se rebuter,
Applique tous ses soins à me persécuter,
Qui dans tout cet amour que sa bouche m'exprime
Ne conserve pour moi nul sentiment d'estime,
Rien au fond de ce cœur, qu'ont pu blesser mes yeux,
Qui fasse droit au sang que j'ai reçu des Cieux,
Et de mes actions défende l'innocence
Contre le moindre effort d'une fausse apparence.
Oui, je vois... ah ! surtout ne m'interrompez point.
Je vois, dis-je, mon sort malheureux à ce point
Qu'un cœur qui dit qu'il m'aime, et qui doit faire croire
Que, quand tout l'univers douteroit de ma gloire,
Il voudroit contre tous en être le garant,
Est celui qui s'en fait l'ennemi le plus grand.
On ne voit échapper aux soins que prend sa flamme
Aucune occasion de soupçonner mon âme.
Mais c'est peu des soupçons : il en fait des éclats

Que sans être blessé l'amour ne souffre pas.
Loin d'agir en amant, qui plus que la mort même
Appréhende toujours d'offenser ce qu'il aime,
Qui se plaint doucement et cherche avec respect
A pouvoir s'éclaircir de ce qu'il croit suspect,
A toute extrémité dans ses doutes il passe,
Et ce n'est que fureur, qu'injure et que menace.
Cependant aujourd'hui je veux fermer les yeux
Sur tout ce qui devroit me le rendre odieux,
Et lui donner moyen, par une bonté pure,
De tirer son salut d'une nouvelle injure.
Ce grand emportement qu'il m'a fallu souffrir
Part de ce qu'à vos yeux le hasard vient d'offrir.
J'aurois tort de vouloir démentir votre vue,
Et votre âme sans doute a dû paroître émue.

DOM GARCIE.

Et n'est-ce pas...?

DONE ELVIRE.

Encore un peu d'attention,
Et vous allez savoir ma résolution.
Il faut que de nous deux le destin s'accomplisse.
Vous êtes maintenant sur un grand précipice,
Et ce que votre cœur pourra délibérer
Va vous y faire choir ou bien vous en tirer.
Si, malgré cet objet qui vous a pu surprendre,
Prince, vous me rendez ce que vous devez rendre,
Et ne demandez point d'autre preuve que moi
Pour condamner l'erreur du trouble où je vous voi;
Si de vos sentiments la prompte déférence

Veut sur ma seule foi croire mon innocence
Et de tous vos soupçons démentir le crédit
Pour croire aveuglément ce que mon cœur vous dit,
Cette soumission, cette marque d'estime,
Du passé dans ce cœur efface tout le crime;
Je rétracte à l'instant ce qu'un juste courroux
M'a fait dans la chaleur prononcer contre vous,
Et, si je puis un jour choisir ma destinée
Sans choquer les devoirs du rang où je suis née,
Mon honneur, satisfait par ce respect soudain,
Promet à votre amour et mes vœux et ma main.
Mais prêtez bien l'oreille à ce que je vais dire :
Si cet offre sur vous obtient si peu d'empire
Que vous me refusiez de me faire entre nous
Un sacrifice entier de vos soupçons jaloux;
S'il ne vous suffit pas de toute l'assurance
Que vous peuvent donner mon cœur et ma naissance,
Et que de votre esprit les ombrages puissants
Forcent mon innocence à convaincre vos sens
Et porter à vos yeux l'éclatant témoignage
D'une vertu sincère à qui l'on fait outrage,
Je suis prête à le faire, et vous serez content;
Mais il vous faut de moi détacher à l'instant,
A mes vœux pour jamais renoncer de vous-même;
Et j'atteste du Ciel la puissance suprême
Que, quoi que le destin puisse ordonner de nous,
Je choisirai plutôt d'être à la mort qu'à vous.
Voilà dans ces deux choix de quoi vous satisfaire :
Avisez maintenant celui qui peut vous plaire.

Dom Garcie.

Juste Ciel! jamais rien peut-il être inventé
Avec plus d'artifice et de déloyauté?
Tout ce que des enfers la malice étudie
A-t-il rien de si noir que cette perfidie?
Et peut-elle trouver dans toute sa rigueur
Un plus cruel moyen d'embarrasser un cœur?
Ah! que vous savez bien ici contre moi-même,
Ingrate, vous servir de ma foiblesse extrême,
Et ménager pour vous l'effort prodigieux
De ce fatal amour né de vos traîtres yeux!
Parce qu'on est surprise et qu'on manque d'excuse,
D'un offre de pardon on emprunte la ruse;
Votre feinte douceur forge un amusement
Pour divertir l'effet de mon ressentiment,
Et, par le nœud subtil du choix qu'elle embarrasse,
Veut soustraire un perfide au coup qui le menace.
Oui, vos dextérités veulent me détourner
D'un éclaircissement qui vous doit condamner,
Et votre âme, feignant une innocence entière,
Ne s'offre à m'en donner une pleine lumière
Qu'à des conditions qu'après d'ardents souhaits
Vous pensez que mon cœur n'acceptera jamais.
Mais vous serez trompée en me croyant surprendre:
Oui, oui, je prétends voir ce qui doit vous défendre,
Et quel fameux prodige, accusant ma fureur,
Peut de ce que j'ai vu justifier l'horreur.

Done Elvire.

Songez que par ce choix vous allez vous prescrire

De ne plus rien prétendre au cœur de Done Elvire.
Dom Garcie.
Soit, je souscris à tout, et mes vœux, aussi bien,
En l'état où je suis, ne prétendent plus rien.
Done Elvire.
Vous vous repentirez de l'éclat que vous faites.
Dom Garcie.
Non, non, tous ces discours sont de vaines défaites,
Et c'est moi bien plutôt qui dois vous avertir
Que quelque autre dans peu se pourra repentir.
Le traître, quel qu'il soit, n'aura pas l'avantage
De dérober sa vie à l'effort de ma rage.
Done Elvire.
Ah! c'est trop en souffrir, et mon cœur irrité
Ne doit plus conserver une sotte bonté;
Abandonnons l'ingrat à son propre caprice,
Et, puis qu'il veut périr, consentons qu'il périsse.
(A Dom Garcie.)
Élise... A cet éclat vous voulez me forcer,
Mais je vous apprendrai que c'est trop m'offenser.
(Élise entre.)
Faites un peu sortir la personne chérie...
Allez, vous m'entendez, dites que je l'en prie.
Dom Garcie.
Et je puis...
Done Elvire.
Attendez : vous serez satisfait.
Élise, *à part*.
Voici de son jaloux sans doute un nouveau trait.

DONE ELVIRE.

Prenez garde qu'au moins cette noble colère
Dans la même fierté jusqu'au bout persévère;
Et surtout désormais songez bien à quel prix
Vous avez voulu voir vos soupçons éclaircis.
    (*Lui montrant Done Ignès.*)
Voici, grâces au Ciel, ce qui les a fait naître,
Ces soupçons obligeants que l'on me fait paraître.
Voyez bien ce visage, et si de Done Ignès
Vos yeux au même instant n'y connoissent les traits.

SCÈNE IX

DOM GARCIE, DONE ELVIRE, DONE IGNÈS, DOM ALVAR, ÉLISE.

DOM GARCIE.

O Ciel!
    DONE ELVIRE.
    Si la fureur dont votre âme est émue
Vous trouble jusque-là l'usage de la vue,
Vous avez d'autres yeux à pouvoir consulter
Qui ne vous laisseront aucun lieu de douter.
Sa mort est une adresse au besoin inventée
Pour fuir l'autorité qui l'a persécutée,
Et sous un tel habit elle cachoit son sort
Pour mieux jouir du fruit de cette feinte mort.
    (*A Done Ignès.*)
Madame, pardonnez s'il faut que je consente

A trahir vos secrets et tromper votre attente :
Je me vois exposée à sa témérité ;
Toutes mes actions n'ont plus de liberté,
Et mon honneur, en butte aux soupçons qu'il peut prendre,
Est réduit à toute heure aux soins de se défendre.
Nos doux embrassements, qu'a surpris ce jaloux,
De cent indignités m'ont fait souffrir les coups.
Oui, voilà le sujet d'une fureur si prompte
Et l'assuré témoin qu'on produit de ma honte.
    (*A Dom Garcie.*)
Jouissez à cette heure en tyran absolu
De l'éclaircissement que vous avez voulu ;
Mais sachez que j'aurai sans cesse la mémoire
De l'outrage sanglant qu'on a fait à ma gloire,
Et, si je puis jamais oublier mes serments,
Tombent sur moi du Ciel les plus grands châtiments !
Qu'un tonnerre éclatant mette ma tête en poudre,
Lorsqu'à souffrir vos feux je pourrai me résoudre !
    (*A Done Ignès.*)
Allons, Madame, allons, ôtons-nous de ces lieux,
Qu'infectent les regards d'un monstre furieux ;
Fuyons-en promptement l'atteinte envenimée,
Évitons les effets de sa rage animée,
Et ne faisons des vœux, dans nos justes desseins,
Que pour nous voir bientôt affranchir de ses mains.
             Done Ignès.
Seigneur, de vos soupçons l'injuste violence
A la même vertu vient de faire une offense.
    (*Done Ignès et Done Elvire se retirent.*)

Dom Garcie.

Quelles tristes clartés dissipent mon erreur,
Enveloppent mes sens d'une profonde horreur,
Et ne laissent plus voir à mon âme abattue
Que l'effroyable objet d'un remords qui me tue!
Ah! Dom Alvar, je vois que vous avez raison;
Mais l'enfer dans mon cœur a soufflé son poison,
Et, par un trait fatal d'une rigueur extrême,
Mon plus grand ennemi se rencontre en moi-même.
Que me sert-il d'aimer du plus ardent amour
Qu'une âme consumée ait jamais mis au jour,
Si, par ses mouvements, qui font toute ma peine,
Cet amour à tous coups se rend digne de haine?
Il faut, il faut venger par mon juste trépas
L'outrage que j'ai fait à ses divins appas.
Aussi bien, quel conseil aujourd'hui puis-je suivre?
Ah! j'ai perdu l'objet pour qui j'aimois à vivre.
Si j'ai pu renoncer à l'espoir de ses vœux,
Renoncer à la vie est beaucoup moins fâcheux.

Dom Alvar.

Seigneur...

Dom Garcie.

Non, Dom Alvar, ma mort est nécessaire:
Il n'est soins ni raisons qui m'en puissent distraire;
Mais il faut que mon sort, en se précipitant,
Rende à cette princesse un service éclatant;
Et je veux me chercher dans cette illustre envie
Les moyens glorieux de sortir de la vie,
Faire, par un grand coup qui signale ma foi,

Qu'en expirant pour elle elle ait regret à moi,
Et qu'elle puisse dire, en se voyant vengée :
« C'est par son trop d'amour qu'il m'avoit outragée. »
Il faut que de ma main un illustre attentat
Porte une mort trop due au sein de Mauregat,
Que j'aille prévenir par une belle audace
Le coup dont la Castille avec bruit le menace ;
Et j'aurai des douceurs, dans mon instant fatal,
De ravir cette gloire à l'espoir d'un rival.

Dom Alvar.

Un service, Seigneur, de cette conséquence
Auroit bien le pouvoir d'effacer votre offense ;
Mais hasarder...

Dom Garcie.

Allons, par un juste devoir,
Faire à ce noble effort servir mon désespoir.

ACTE V

SCÈNE PREMIÈRE

DOM ALVAR, ÉLISE.

Dom Alvar.

Oui, jamais il ne fut de si rude surprise :
Il venoit de former cette haute entreprise ;
A l'avide désir d'immoler Mauregat
De son prompt désespoir il tournoit tout l'éclat ;
Ses soins précipités vouloient à son courage
De cette juste mort assurer l'avantage,
Y chercher son pardon, et prévenir l'ennui
Qu'un rival partageât cette gloire avec lui.
Il sortoit de ces murs, quand un bruit trop fidèle
Est venu lui porter la fâcheuse nouvelle
Que ce même rival, qu'il vouloit prévenir,
A remporté l'honneur qu'il pensoit obtenir,
L'a prévenu lui-même en immolant le traître,
Et pousse, dans ce jour, Dom Alphonse à paraître,

Qui d'un si prompt succès va goûter la douceur,
Et vient prendre en ces lieux la princesse sa sœur.
Et, ce qui n'a pas peine à gagner la croyance,
On entend publier que c'est la récompense
Dont il prétend payer le service éclatant
Du bras qui lui fait jour au trône qui l'attend.

ÉLISE.

Oui, Done Elvire a su ces nouvelles semées,
Et du vieux Dom Louis les trouve confirmées,
Qui vient de lui mander que Léon, dans ce jour,
De Dom Alphonse et d'elle attend l'heureux retour,
Et que c'est là qu'on doit, par un revers prospère,
Lui voir prendre un époux de la main de ce frère.
Dans ce peu qu'il en dit, il donne assez à voir
Que Dom Sylve est l'époux qu'elle doit recevoir.

DOM ALVAR.

Ce coup au cœur du prince...

ÉLISE.

Est sans doute bien rude,
Et je le trouve à plaindre en son inquiétude.
Son intérêt pourtant, si j'en ai bien jugé,
Est encor cher au cœur qu'il a tant outragé;
Et je n'ai point connu qu'à ce succès qu'on vante,
La princesse ait fait voir une âme fort contente
De ce frère qui vient, et de la lettre aussi.
Mais...

SCÈNE II

DONE ELVIRE, DOM ALVAR, ÉLISE,
DONE IGNÈS.

DONE ELVIRE.
Faites, Dom Alvar, venir le prince ici.
(*A Done Ignès.*)
Souffrez que devant vous je lui parle, Madame,
Sur cet événement dont on surprend mon âme,
Et ne m'accusez point d'un trop prompt changement
Si je perds contre lui tout mon ressentiment.
Sa disgrâce imprévue a pris droit de l'éteindre ;
Sans lui laisser ma haine, il est assez à plaindre,
Et le Ciel, qui l'expose à ce trait de rigueur,
N'a que trop bien servi les serments de mon cœur.
Un éclatant arrêt de ma gloire outragée
A jamais n'être à lui me tenoit engagée ;
Mais, quand par les destins il est exécuté,
J'y vois pour son amour trop de sévérité,
Et le triste succès de tout ce qu'il m'adresse
M'efface son offense et lui rend ma tendresse.
Oui, mon cœur, trop vengé par de si rudes coups,
Laisse à leur cruauté désarmer son courroux,
Et cherche maintenant, par un soin pitoyable,
A consoler le sort d'un amant misérable ;
Et je crois que sa flamme a bien pu mériter

Cette compassion que je lui veux prêter.
Done Ignès.
Madame, on auroit tort de trouver à redire
Aux tendres sentiments qu'on voit qu'il vous inspire.
Ce qu'il a fait pour vous... Il vient, et sa pâleur
De ce coup surprenant marque assez la douleur.

SCÈNE III

DOM GARCIE, DONE ELVIRE, DONE IGNÈS, ÉLISE.

Dom Garcie.
Madame, avec quel front faut-il que je m'avance,
Quand je viens vous offrir l'odieuse présence...?
Done Elvire.
Prince, ne parlons plus de mon ressentiment :
Votre sort dans mon âme a fait du changement,
Et par le triste état où sa rigueur vous jette
Ma colère est éteinte, et notre paix est faite.
Oui, bien que votre amour ait mérité les coups
Que fait sur lui du Ciel éclater le courroux,
Bien que ses noirs soupçons aient offensé ma gloire
Par des indignités qu'on auroit peine à croire,
J'avouerai toutefois que je plains son malheur
Jusqu'à voir nos succès avec quelque douleur;
Que je hais les faveurs de ce fameux service,
Lorsqu'on veut de mon cœur lui faire un sacrifice,

Et voudrois bien pouvoir racheter les moments
Où le sort contre vous n'armoit que mes serments.
Mais enfin vous savez comme nos destinées
Aux intérêts publics sont toujours enchaînées,
Et que l'ordre des Cieux, pour disposer de moi,
Dans mon frère qui vient me va montrer mon roi.
Cédez comme moi, Prince, à cette violence
Où la grandeur soumet celles de ma naissance ;
Et, si de votre amour les déplaisirs sont grands,
Qu'il se fasse un secours de la part que j'y prends,
Et ne se serve point contre un coup qui l'étonne
Du pouvoir qu'en ces lieux votre valeur vous donne :
Ce vous seroit sans doute un indigne transport
De vouloir dans vos maux lutter contre le sort,
Et, lorsque c'est en vain qu'on s'oppose à sa rage,
La soumission prompte est grandeur de courage.
Ne résistez donc point à ses coups éclatants,
Ouvrez les murs d'Astorgue au frère que j'attends,
Laissez-moi rendre aux droits qu'il peut sur moi prétendre
Ce que mon triste cœur a résolu de rendre ;
Et ce fatal hommage où mes vœux sont forcés
Peut-être n'ira pas si loin que vous pensez.
     Dom Garcie.
C'est faire voir, Madame, une bonté trop rare
Que vouloir adoucir le coup qu'on me prépare ;
Sur moi sans de tels soins vous pouvez laisser choir
Le foudre rigoureux de tout votre devoir.
En l'état où je suis je n'ai rien à vous dire ;
J'ai mérité du sort tout ce qu'il a de pire,

Et je sais, quelques maux qu'il me faille endurer,
Que je me suis ôté le droit d'en murmurer.
Par où pourrois-je, hélas! dans ma vaste disgrâce,
Vers vous de quelque plainte autoriser l'audace?
Mon amour s'est rendu mille fois odieux;
Il n'a fait qu'outrager vos attraits glorieux;
Et lorsque, par un juste et fameux sacrifice,
Mon bras à votre sang cherche à rendre un service,
Mon astre m'abandonne au déplaisir fatal
De me voir prévenu par le bras d'un rival.
Madame, après cela, je n'ai rien à prétendre :
Je suis digne du coup que l'on me fait attendre,
Et je le vois venir sans oser contre lui
Tenter de votre cœur le favorable appui.
Ce qui peut me rester, dans mon malheur extrême,
C'est de chercher alors mon remède en moi-même,
Et faire que ma mort, propice à mes désirs,
Affranchisse mon cœur de tous ses déplaisirs.
Oui, bientôt dans ces lieux Dom Alphonse doit être,
Et déjà mon rival commence de paraître.
De Léon vers ces murs il semble avoir volé
Pour recevoir le prix du tyran immolé.
Ne craignez point du tout qu'aucune résistance
Fasse valoir ici ce que j'ai de puissance.
Il n'est effort humain que, pour vous conserver,
Si vous y consentiez, je ne pusse braver;
Mais ce n'est pas à moi, dont on hait la mémoire,
A pouvoir espérer cet aveu plein de gloire,
Et je ne voudrois pas, par des efforts trop vains,

Jeter le moindre obstacle à vos justes desseins.
Non, je ne contrains point vos sentiments, Madame;
Je vais en liberté laisser toute votre âme,
Ouvrir les murs d'Astorgue à cet heureux vainqueur,
Et subir de mon sort la dernière rigueur.

SCÈNE IV
DONE ELVIRE, DONE IGNÈS, ÉLISE.

DONE ELVIRE.

Madame, au désespoir où son destin l'expose
De tous mes déplaisirs n'imputez pas la cause;
Vous me rendrez justice en croyant que mon cœur
Fait de vos intérêts sa plus vive douleur,
Que bien plus que l'amour l'amitié m'est sensible,
Et que, si je me plains d'une disgrâce horrible,
C'est de voir que du Ciel le funeste courroux
Ait pris chez moi les traits qu'il lance contre vous,
Et rendu mes regards coupables d'une flamme
Qui traite indignement les bontés de votre âme.

DONE IGNÈS.

C'est un événement dont sans doute vos yeux
N'ont point pour moi, Madame, à quereller les Cieux.
Si les foibles attraits qu'étale mon visage
M'exposoient au destin de souffrir un volage,
Le Ciel ne pouvoit mieux m'adoucir de tels coups,
Quand, pour m'ôter ce cœur, il s'est servi de vous,

Et mon front ne doit point rougir d'une inconstance
Qui de vos traits aux miens marque la différence.
Si pour ce changement je pousse des soupirs,
Ils viennent de le voir fatal à vos désirs,
Et, dans cette douleur que l'amitié m'excite,
Je m'accuse pour vous de mon peu de mérite,
Qui n'a pu retenir un cœur dont les tributs
Causent un si grand trouble à vos vœux combattus.
        DONE ELVIRE.
Accusez-vous plutôt de l'injuste silence
Qui m'a de vos deux cœurs caché l'intelligence.
Ce secret, plus tôt su, peut-être à toutes deux
Nous auroit épargné des troubles si fâcheux,
Et mes justes froideurs, des désirs d'un volage
Au point de leur naissance ayant banni l'hommage,
Eussent pu renvoyer...
        DONE IGNÈS.
    Madame, le voici.
        DONE ELVIRE.
Sans rencontrer ses yeux vous pouvez être ici.
Ne sortez point, Madame, et, dans un tel martyre,
Veuillez être témoin de ce que je vais dire.
        DONE IGNÈS.
Madame, j'y consens, quoique je sache bien
Qu'on fuiroit en ma place un pareil entretien.
        DONE ELVIRE.
Son succès, si le Ciel seconde ma pensée,
Madame, n'aura rien dont vous soyez blessée.

SCÈNE V

DOM SYLVE, DONE ELVIRE, DONE IGNÈS.

Done Elvire.
Avant que vous parliez, je demande instamment
Que vous daigniez, Seigneur, m'écouter un moment.
Déjà la renommée a jusqu'à nos oreilles
Porté de votre bras les soudaines merveilles,
Et j'admire avec tous comme en si peu de temps
Il donne à nos destins ces succès éclatants.
Je sais bien qu'un bienfait de cette conséquence
Ne sauroit demander trop de reconnoissance,
Et qu'on doit toute chose à l'exploit immortel
Qui replace mon frère au trône paternel.
Mais, quoi que de son cœur vous offrent les hommages,
Usez en généreux de tous vos avantages,
Et ne permettez pas que ce coup glorieux
Jette sur moi, Seigneur, un joug impérieux,
Que votre amour, qui sait quel intérêt m'anime,
S'obstine à triompher d'un refus légitime,
Et veuille que ce frère, où l'on va m'exposer,
Commence d'être roi pour me tyranniser.
Léon a d'autres prix dont, en cette occurrence,
Il peut mieux honorer votre haute vaillance,
Et c'est à vos vertus faire un présent trop bas
Que vous donner un cœur qui ne se donne pas.

Peut-on être jamais satisfait en soi-même
Lorsque par la contrainte on obtient ce qu'on aime?
C'est un triste avantage, et l'amant généreux
A ces conditions refuse d'être heureux :
Il ne veut rien devoir à cette violence
Qu'exercent sur nos cœurs les droits de la naissance,
Et pour l'objet qu'il aime est toujours trop zélé
Pour souffrir qu'en victime il lui soit immolé.
Ce n'est pas que ce cœur au mérite d'un autre
Prétende réserver ce qu'il refuse au vôtre :
Non, Seigneur, j'en réponds, et vous donne ma foi
Que personne jamais n'aura pouvoir sur moi,
Qu'une sainte retraite à toute autre poursuite...

Dom Sylve.

J'ai de votre discours assez souffert la suite,
Madame, et par deux mots je vous l'eusse épargné
Si votre fausse alarme eût sur vous moins gagné.
Je sais qu'un bruit commun, qui partout se fait croire,
De la mort du tyran me veut donner la gloire;
Mais le seul peuple, enfin, comme on nous fait savoir,
Laissant par Dom Louis échauffer son devoir,
A remporté l'honneur de cet acte héroïque
Dont mon nom est chargé par la rumeur publique;
Et ce qui d'un tel bruit a fourni le sujet,
C'est que, pour appuyer son illustre projet,
Dom Louis fit semer, par une feinte utile,
Que, secondé des miens, j'avois saisi la ville;
Et par cette nouvelle il a poussé les bras
Qui d'un usurpateur ont hâté le trépas.

ACTE V, SCÈNE V

Par son zèle prudent il a su tout conduire,
Et c'est par un des siens qu'il vient de m'en instruire.
Mais dans le même instant un secret m'est appris
Qui va vous étonner autant qu'il m'a surpris.
Vous attendez un frère, et Léon son vrai maître ;
A vos yeux maintenant le Ciel le fait paraître.
Oui, je suis Dom Alphonse, et mon sort conservé,
Et sous le nom du sang de Castille élevé,
Est un fameux effet de l'amitié sincère
Qui fut entre son prince et le roi notre père.
Dom Louis du secret a toutes les clartés,
Et doit aux yeux de tous prouver ces vérités.
D'autres soins maintenant occupent ma pensée :
Non qu'à votre sujet elle soit traversée,
Que ma flamme querelle un tel événement,
Et qu'en mon cœur le frère importune l'amant :
Mes feux par ce secret ont reçu sans murmure
Le changement qu'en eux a prescrit la nature,
Et le sang qui nous joint m'a si bien détaché
De l'amour dont pour vous mon cœur étoit touché
Qu'il ne respire plus, pour faveur souveraine,
Que les chères douceurs de sa première chaîne
Et le moyen de rendre à l'adorable Ignès
Ce que de ses bontés a mérité l'excès.
Mais son sort incertain rend le mien misérable,
Et, si ce qu'on en dit se trouvoit véritable,
En vain Léon m'appelle et le trône m'attend :
La couronne n'a rien à me rendre content,
Et je n'en veux l'éclat que pour goûter la joie

D'en couronner l'objet où le Ciel me renvoie,
Et pouvoir réparer par ces justes tributs
L'outrage que j'ai fait à ses rares vertus.
Madame, c'est de vous que j'ai raison d'attendre
Ce que de son destin mon âme peut apprendre;
Instruisez-m'en, de grâce, et, par votre discours,
Hâtez mon désespoir ou le bien de mes jours.

Done Elvire.

Ne vous étonnez pas si je tarde à répondre,
Seigneur : ces nouveautés ont droit de me confondre.
Je n'entreprendrai point de dire à votre amour
Si Done Ignès est morte ou respire le jour ;
Mais par ce cavalier, l'un de ses plus fidèles,
Vous en pourrez sans doute apprendre des nouvelles.

Dom Sylve, *ou* Dom Alphonse.

Ah ! Madame, il m'est doux, en ces perplexités,
De voir ici briller vos célestes beautés ;
Mais vous, avec quels yeux verrez-vous un volage
Dont le crime...?

Done Ignès.

Ah ! gardez de me faire un outrage,
Et de vous hasarder à dire que vers moi
Un cœur dont je fais cas ait pu manquer de foi :
J'en refuse l'idée, et l'excuse me blesse ;
Rien n'a pu m'offenser auprès de la princesse,
Et tout ce que d'ardeur elle vous a causé
Par un si haut mérite est assez excusé.
Cette flamme vers moi ne vous rend point coupable,
Et, dans le noble orgueil dont je me sens capable,

Sachez, si vous l'étiez, que ce seroit en vain
Que vous présumeriez de fléchir mon dédain,
Et qu'il n'est repentir ni suprême puissance
Qui gagnât sur mon cœur d'oublier cette offense.

DONE ELVIRE.

Mon frère (d'un tel nom souffrez-moi la douceur),
De quel ravissement comblez-vous une sœur !
Que j'aime votre choix et bénis l'aventure
Qui vous fait couronner une amitié si pure,
Et de deux nobles cœurs que j'aime tendrement...

SCÈNE VI

DOM GARCIE, DONE ELVIRE, DONE IGNÈS, DOM SYLVE, ÉLISE.

DOM GARCIE.

De grâce, cachez-moi votre contentement,
Madame, et me laissez mourir dans la croyance
Que le devoir vous fait un peu de violence.
Je sais que de vos vœux vous pouvez disposer,
Et mon dessein n'est pas de leur rien opposer.
Vous le voyez assez, et quelle obéissance
De vos commandements m'arrache la puissance ;
Mais je vous avouerai que cette gayeté
Surprend au dépourvu toute ma fermeté,
Et qu'un pareil objet dans mon âme fait naître
Un transport dont j'ai peur que je ne sois pas maître ;

Et je me punirois s'il m'avoit pu tirer
De ce respect soumis où je veux demeurer.
Oui, vos commandements ont prescrit à mon âme
De souffrir sans éclat le malheur de ma flamme.
Cet ordre sur mon cœur doit être tout-puissant,
Et je prétends mourir en vous obéissant.
Mais, encore une fois, la joie où je vous treuve
M'expose à la rigueur d'une trop rude épreuve,
Et l'âme la plus sage, en ces occasions,
Répond malaisément de ses émotions.
Madame, épargnez-moi cette cruelle atteinte,
Donnez-moi par pitié deux moments de contrainte,
Et, quoi que d'un rival vous inspirent les soins,
N'en rendez pas mes yeux les malheureux témoins.
C'est la moindre faveur qu'on peut, je crois, prétendre,
Lorsque dans ma disgrâce un amant peut descendre.
Je ne l'exige pas, Madame, pour longtemps,
Et bientôt mon départ rendra vos vœux contents.
Je vais où de ses feux mon âme consumée
N'apprendra votre hymen que par la renommée :
Ce n'est pas un spectacle où je doive courir ;
Madame, sans le voir, j'en saurai bien mourir.

DONE IGNÈS.

Seigneur, permettez-moi de blâmer votre plainte :
De vos maux la princesse a su paroître atteinte,
Et cette joie encor, de quoi vous murmurez,
Ne lui vient que des biens qui vous sont préparés.
Elle goûte un succès à vos désirs prospère,
Et dans votre rival elle trouve son frère :

C'est Dom Alphonse, enfin, dont on a tant parlé,
Et ce fameux secret vient d'être dévoilé.

Dom Sylve, ou Dom Alphonse.

Mon cœur, grâces au Ciel, après un long martyre,
Seigneur, sans vous rien prendre, a tout ce qu'il désire,
Et goûte d'autant mieux son bonheur en ce jour
Qu'il se voit en état de servir votre amour.

Dom Garcie.

Hélas! cette bonté, Seigneur, doit me confondre,
A mes plus chers désirs elle daigne répondre.
Le coup que je craignois, le Ciel l'a détourné,
Et tout autre que moi se verroit fortuné;
Mais ces douces clartés d'un secret favorable
Vers l'objet adoré me découvrent coupable,
Et tombé de nouveau dans ces traîtres soupçons
Sur quoi l'on m'a tant fait d'inutiles leçons,
Et par qui mon ardeur, si souvent odieuse,
Doit perdre tout espoir d'être jamais heureuse.
Oui, l'on doit me haïr avec trop de raison;
Moi-même je me trouve indigne de pardon,
Et, quelque heureux succès que le sort me présente,
La mort, la seule mort, est toute mon attente.

Done Elvire.

Non, non; de ce transport le soumis mouvement,
Prince, jette en mon âme un plus doux sentiment;
Par lui de mes serments je me sens détachée;
Vos plaintes, vos respects, vos douleurs, m'ont touchée;
J'y vois partout briller un excès d'amitié,
Et votre maladie est digne de pitié.

Je vois, Prince, je vois qu'on doit quelque indulgence
Aux défauts où du Ciel fait pencher l'influence,
Et, pour tout dire enfin, jaloux ou non jaloux,
Mon roi, sans me gêner, peut me donner à vous.
Dom Garcie.
Ciel! dans l'excès des biens que cet aveu m'octroie,
Rends capable mon cœur de supporter sa joie!
Dom Sylve, ou Dom Alphonse.
Je veux que cet hymen, après nos vains débats,
Seigneur, joigne à jamais nos cœurs et nos États;
Mais ici le temps presse, et Léon nous appelle.
Allons dans nos plaisirs satisfaire son zèle,
Et par notre présence et nos soins différents
Donner le dernier coup au parti des tyrans.

NOTES

Page 6, ligne 26. On n'est pas d'accord sur le sens de ces deux vers :

*Ma pitié pour Dom Sylve avoit beau l'émouvoir,
J'en trahissois les soins sans m'en apercevoir.*

Il n'y a, à mon avis, qu'à les lire tels qu'ils sont écrits : « La pitié que je ressentais pour Dom Sylve avait beau l'émouvoir, lui, Dom Sylve, je trahissais ses soins involontairement par mon inclination naturelle vers Dom Garcie. »

11, 2. *Le* foudre punisseur. Venu de *fulgur*, qui est neutre en latin, *foudre* fut d'abord masculin, jusqu'à ce que sa terminaison féminine *e* l'eût fait changer de genre. Cependant le masculin persiste dans « un *foudre* de guerre ». Corneille le fait constamment masculin :

Tout chargé de lauriers, craignez encor le foudre.

LE CID, acte II, sc. 1.

César, à son aspect, comme frappé du foudre.

POMPÉE, acte III, sc. 1.

On lit aussi dans Bossuet : « Anastase mourut frappé *du* foudre. » (*Hist. univ.*, I, 11.)

11, 8. *Y puisse trop devoir.* Je crains que ce secours n'impose à mon frère une trop grande obligation.

— 11. *Oit.* Monosyllabique. Troisième personne du singulier de l'indicatif présent du verbe *ouïr.* « Qui bien *oit* bien parle, et qui mal *oit* mal parle », dit Charron en son livre *De la Sagesse,* I, 12. Malherbe n'écrit pas autrement : « Il m'est avis que je l'*ois* qui tient ce langage à la fortune... » (*Traité des Bienfaits,* de Sénèque, I, 9.)

12, 21 jusqu'à 13, 5. Ces dix vers de *Dom Garcie* reparaîtront, avec quelques perfectionnements de diction, dans la bouche d'Alceste, acte IV, sc. III, du *Misanthrope.*

15, 20 jusqu'à 27. Ces huit vers reparaîtront dans la même scène du *Misanthrope,* paraphrasés en ces huit autres, que débite Célimène :

Et puisque notre cœur fait un effort extrême
Lorsqu'il peut se résoudre à confesser qu'il aime,
Puisque l'honneur du sexe, ennemi de nos feux,
S'oppose fortement à de pareils aveux,
L'amant qui voit pour lui franchir un tel obstacle
Doit-il impunément douter de cet oracle ?
Et n'est-il pas coupable en ne s'assurant pas
A ce qu'on ne dit point qu'après de grands combats ?

22, 11. *Que son propre intérêt. Que* est employé ici dans le sens du latin *quam, præterquam, nisi,* excepté, sinon. Molière s'en est déjà servi dans *l'Étourdi,* acte III, sc. 1 :

Mais quoi ! que feras-tu que de l'eau toute claire ?

et dans *les Précieuses ridicules,* scène II : « Ont-elles répondu *que* oui et non à tout ce que nous avons pu leur dire ? » Voir la note de notre édition des *Précieuses,* p. 55.

23, 29. *Enflé* d'une nouvelle; comme on dit : « *enflé* d'une victoire. » (Corneille, *Pompée,* acte II, sc. IV.) « *Enflé* de ses titres », dit Bossuet (*Oraison funèbre de la duchesse d'Orléans*). Ou bien encore : « *Enflé* de tant d'audace. » (Boileau, *Disc. au roi.*)

26, 7 à 18. L'idée du billet déchiré, dont la première

moitié forme un sens tout à fait différent du véritable, a été souvent employée ; on la retrouve encore dans le conte de *Zadig*, par Voltaire.

29, 8 à 28, et 30, 1 à 5, et 14 et 15. Ont passé tout entiers dans *le Misanthrope*, acte IV, scène III, où ils forment le nœud principal de la querelle d'Alceste avec Célimène ; et la comparaison donnera lieu d'admirer l'art exquis avec lequel Molière a transposé de la noble et innocente Done Elvire à l'astucieuse Célimène la ferme réplique :

Pourquoi le démentir, puisqu'il est de ma main ?

devenue chez Célimène l'audace effrontée de la coquette prise sur le fait.

42, 1 à 8. Se retrouvent intégralement dans la scène III du IVe acte du *Misanthrope*, entre Alceste et Célimène.

49, 29. Les *bouillons* d'un sang chaud. Dans le même sens : « Il ne faut qu'un faible *bouillon* de colère. » (Balzac, 4e *Discours sur la Cour*.)

C'est pourquoi, déguisant les bouillons *de mon âme...*
      Regnier, *Sat*. XIII.

« Ce *bouillon* de sang, plus dangereux qu'une fièvre ardente. » (Fénelon, XIX, 231.)

Modère ces bouillons *de ta mélancolie.*
      Boileau, *Sat*. VIII.

A peine se sentit des bouillons *d'un tel âge.*
      La Fontaine, *Fabl.*, VIII, 16.

51, 6. Le *ressentiment*, souvenir, sentiment de reconnaissance. Employé en ce sens par Racine, par Bossuet, et encore, au XVIIIe siècle, par Voltaire, lettre 174.

57, 18. *Éclairé*, au sens d'*épier*. Employé au même sens par Tristan l'Hermite, par Racan, Scarron, Racine, Bourdaloue et Le Sage. Voir la note de la p. 126 dans notre édition de *l'Étourdi*.

59, 18. Mais nous *avons* du Ciel ou du tempérament que... » Au sens de tenir de, avoir reçu de... « J'ai cette terre du chef de mon père... — De qui *avez-vous* la nouvelle? » Exemples cités par Littré.

63, 23 à 25, et 64, 1 à 9. Transportés dans le *Misanthrope*, à la scène III du IVe acte, déjà citée, et dont ils forment l'introduction, sauf quelques modifications, comme on le va voir :

ALCESTE.
O Ciel ! de mes transports puis-je être ici le maître ?
CÉLIMÈNE.
Ouais ! quel est donc le trouble où je vous vois paraître ?
Et que me veulent dire et ces soupirs poussés,
Et ces sombres regards que sur moi vous lancez ?
ALCESTE.
Que toutes les horreurs dont une âme est capable
A vos déloyautés n'ont rien de comparable ;
Que le sort, les démons et le Ciel en courroux,
N'ont jamais rien produit de si méchant que vous.
CÉLIMÈNE.
Voilà certainement des douceurs que j'admire !

68, 13, et 69, 13. *Cet* offre, et *un* offre de pardon. *Offre,* en ce temps-là, était encore masculin.

D'un si bel *offre* de service,
Monsieur d'Assoucy, grand merci !
VOYAGE DE CHAPELLE ET BACHAUMONT.

En refusant un *offre* présenté.
CL. MAROT, I, 402.

69, 2 à 27. Sont devenus, dans la scène III du IVe acte du *Misanthrope*, le thème de la tirade d'Alceste qui commence par le même vers :

Ciel ! rien de plus cruel peut-il être inventé ?

mais qui se poursuit avec une rédaction nouvelle dans la forme, quoique identique par le fond.

72, 28. « A la *même* vertu », pour la vertu même. Sur cette construction, qui est généralement usitée par les grands écrivains du XVIIe siècle, voir la note de la p. 67 dans notre édition de *Sganarelle*.

79, 27. **Le** foudre rigoureux. Voir ci-dessus la note sur la p. 11, l. 2.

80, 3. **Ma** *vaste* disgrâce. *Vaste*, qui n'est plus usité dans cette acception, l'était, au contraire, au XVIIe siècle. On trouve « *vastes* horreurs de la guerre » dans *la Mort d'Asdrubal*, tragédie de Mairet, acte I, sc. II; dans Corneille :

Et ces vastes *malheurs où mon orgueil me jette.*
                    Nicomède, acte III, sc. I.

et dans Boileau, satire VIII :

De sa vaste *folie emplit toute la terre.*

87, 22. *Gayeté*, de trois syllabes. Je connais un exemple de cette prosodie au XVe siècle :

Et vint droit à Paris monté moult gayement.
                    Chanson de Hugues Capet, V, 553.

88, 7. *Treuve* pour trouve. Il est de règle, dans l'ancienne langue, que la diphtongue *ou*, lorsqu'elle se trouve dans l'infinitif d'un verbe, se change en *eu* à l'indicatif; exemple : mouvoir, je *meus*; mourir, je *meurs*; pouvoir, je *peux*, etc.

A peine en leur grand nombre une seule se treuve.
                    Malherbe, VI, 25.

Quant à la somme de la veuve,
Voici, leur diront-ils, ce que le conseil treuve.
                    La Fontaine, *Fabl.*, II, 20.

A PARIS

DES PRESSES DE D. JOUAUST

Rue de Lille, 7

www.ingramcontent.com/pod-product-compliance
Lightning Source LLC
Chambersburg PA
CBHW060202100426
42744CB00007B/1137